INFLUENCE

DE

L'ÉCRITURE SUR LA PENSÉE

ET SUR LE LANGAGE.

OUVRAGE QUI A PARTAGÉ LE PRIX FONDÉ PAR VOLNEY,
ET DÉCERNÉ PAR L'INSTITUT DANS LA SÉANCE DU 24 AVRIL 1828.

PAR LE BARON MASSIAS.

Post effert animi motus interprete lingua, Hostes,
Mansuram tradibus vocem signare figuris. *Lucain.*

La parole manifeste les sentiments de l'âme, rendus
sensibles et permanents au moyen de l'écriture.

———— ✦ ————

A PARIS,

CHEZ FIRMIN DIDOT, LIBRAIRE,

RUE JACOB, N° 24;

ET CHEZ TOUS LES MARCHANDS DE NOUVEAUTÉS.

1828.

INFLUENCE

DE

L'ÉCRITURE SUR LA PENSÉE

ET SUR LE LANGAGE.

IMPRIMERIE DE FIRMIN DIDOT,
RUE JACOB, N° 24.

INFLUENCE

DE

L'ÉCRITURE SUR LA PENSÉE

ET SUR LE LANGAGE.

OUVRAGE QUI A PARTAGÉ LE PRIX FONDÉ PAR VOLNEY,
ET DÉCERNÉ PAR L'INSTITUT DANS LA SÉANCE DU 24 AVRIL 1828.

PAR LE BARON MASSIAS.

Post effert animi motus interprete linguâ. HORACE.
Mansuram rudibus vocem signare figuris. LUCAIN.

La parole manifeste les sentiments de l'ame, rendus
sensibles et permanents au moyen de l'écriture.

A PARIS,

CHEZ FIRMIN DIDOT, LIBRAIRE,

RUE JACOB, N° 24;

ET CHEZ TOUS LES MARCHANDS DE NOUVEAUTÉS.

1828.

TABLE DES CHAPITRES.

PROGRAMME

Du prix fondé par M. le Comte de Volney, remis
au concours par l'Académie des Inscriptions et
Belles-Lettres, et qui a été décerné en 1828.

« EXAMINER si l'absence de toute écriture,
« ou l'usage soit de l'écriture hiéroglyphique
« ou idéologique, soit de l'écriture alphabé-
« tique ou phonographique, ont eu quelque
« influence sur la formation du langage chez
« les nations qui ont fait usage de l'un ou
« de l'autre genre d'écriture, et qui ont existé
« long-temps sans avoir aucune connaissance
« de l'art d'écrire ; et dans le cas où cette
« question paraîtrait devoir être décidée af-
« firmativement, déterminer en quoi a con-
« sisté cette influence (A). »

Ce programme offre à résoudre les trois
questions suivantes :

1° L'absence de toute écriture a-t-elle influé sur la langue des peuples qui ont été
long-temps sans avoir connaissance de l'art
d'écrire ; et dans l'affirmative, quelle a été
cette influence ?

2° L'écriture hiéroglyphique ou idéologique a-t-elle influé sur la langue des peuples qui ont adopté cette écriture; et dans l'affirmative, quelle a été cette influence?

3° L'écriture alphabétique ou phonographique a-t-elle influé sur la langue des peuples qui ont adopté cette écriture; et dans l'affirmative, quelle a été cette influence?

On ne peut résoudre d'une manière satisfaisante ces trois questions, sans se faire une idée précise de ce qu'est *penser*, *parler* et *écrire*, et des relations qui existent entre l'écriture, la pensée et la parole. Nous allons nous livrer à ces recherches, en demandant l'indulgence de nos juges, et leur citant ces paroles de Dumarsais : « Je n'ai pas été chercher de la métaphysique pour en amener en une contrée étrangère; je n'ai fait que montrer ce qui est dans l'esprit relativement au discours, et à la nécessité de l'élocution (1). » Analyser la parole est faire de la métaphysique; on retrouve l'esprit humain dans les traces qu'il laisse dans les langues, comme on suit le cerf dans celles qu'il imprime sur un terrain humide et argileux.

(1) *Principes de Grammaire.*

INFLUENCE

DE

L'ÉCRITURE SUR LA PENSÉE
ET LE LANGAGE.

CHAPITRE PREMIER.

*Dans toute langue, il y a pensée, parole,
écriture* (B).

L'ÊTRE fini ne peut percevoir que ce qui lui est
analogue, que ce qui est fini et déterminé comme
lui. Pour connaître, il faut qu'il lise ce qui est
écrit ; et écrire est nécessairement limiter. Un
être qui aurait des facultés centuples des nôtres,
n'en aurait pas moins besoin que ses idées eus-
sent des bornes, fussent *écrites*. Dieu seul, pour

1

comprendre, n'a besoin ni de lire ni d'écrire, parce qu'il voit tout, ensemble et détail, d'une intuition pleine, intime, absolue, éternelle et sans succession. L'homme, avec quelques images ou quelques menus linéaments, écrit ses frêles pensées ; Dieu écrit les siennes avec les astres qui laissent des traces lumineuses et intelligibles dans les orbites qui leur ont été marquées.

Écrire c'est parler; lire c'est entendre : pour nous mettre à même de lire en nous-mêmes et dans le livre de l'univers, deux grands mouvements ont lieu, l'un d'action, l'autre de réaction; l'action provoque la résistance et la perception; l'*impression* produit l'*expression*. S'il n'y avait point d'*affections*, il n'y aurait point de *parole*.

Nos idées et nos sentiments étant renfermés en des images ou en des sons, et la parole n'étant que la manifestation de nos idées et de nos sentiments, il ne peut y avoir que deux sortes de langage, l'idéographique et le phonographique.

Toute impression produisant des sentiments et ensuite des idées est *écriture*, en ce qu'elle est *limitée*, *circonscrite* dans sa propre action et dans celle du sens auquel elle s'adresse et dont elle ne peut dépasser les limites. Quand elle est générale, elle est analysée par l'organisation entière qui la reçoit.

Soit qu'elle vienne du dehors, soit qu'elle ait son origine dans l'intérieur de notre être, l'impression que l'homme reçoit, il la rend et la manifeste par le geste, les voix et la parole.

Le geste et les voix sont le résultat immédiat de l'impression ; la parole est le produit libre des facultés humaines, dans lequel, ainsi que dans tous les actes volontaires, il entre du naturel et de l'artificiel (C).

Le geste et les voix manifestent instinctivement le *sentiment* de l'impression ; la parole en manifeste artificiellement l'*idée*.

Tout est *vague* dans le sentiment, et se perd dans le mouvement général de l'organisation ; tout est *déterminé* dans l'idée, et se présente à l'esprit avec une forme spéciale.

Avant d'être déterminée au dehors dans un son ou dans une image, l'idée est limitée, écrite dans l'esprit par la propre activité de celui-ci, qui ne saurait par où saisir ce qui n'aurait point' une circonférence arrêtée. Cette limitation de l'écriture intuitive s'opère par un mouvement spécial de l'organe cérébral, mouvement toujours le même pour une même idée, et différent pour chaque idée différente.

Lorsque l'homme forme ses idées, il se parle à lui-même, en restreignant sa perception à la mesure de sa compréhension, en posant la proposition, en renfermant ce qui l'affecte généralement dans la limite spéciale d'un jugement, et en disant : *cela : cela est : cela est réel.*

Antérieurement à toute langue artificielle, il en est donc une qui n'est ni hébraïque, ni grecque, ni chinoise, ni hindoue (1), celle que chacun de nous se parle, archétype de toutes les autres, qui leur transmet son esprit vivifiant et sympathique, à l'aide de laquelle les individus se comprennent quelquefois sans rien dire, sans laquelle les mots qu'ils profèrent seraient vides et insignificatifs, et dont les autres idiomes ne sont que des traductions. Au moyen de cette langue, l'homme se manifeste (2) à lui-même et établit des rapports entre l'impression et son *moi* intelligent.

Ne pouvant communiquer avec ses semblables que d'une manière analogue à celle qui lui a servi pour communiquer avec lui-même, il leur parle comme il s'est parlé, c'est-à-dire en donnant au son et au geste, formes extérieures et sym-

---

(1) *Intus, in domicilio cogitationis, nec hebræa, nec græca, nec latina, nec barbara veritas, sine oris et linguæ organis, sine strepitu syllabarum.* St.-Aug., Conf. liv. xi.

(2) Φωνη, voix; φαινω, je manifeste.

pathiques de sa parole intérieure, les limites et la circonscription que l'idée avait dans son esprit. Des sons vagues et des gestes indéterminés seraient inintelligibles.

Mais le son et le geste n'ont qu'une existence fugitive ; ils meurent en naissant ; ils paraissent et ne sont plus. La copie du son, au moyen de menus caractères, ou celle des objets, au moyen de leurs images naturelles ou conventionnelles, rendent fixes, visibles et durables la forme et l'expression renfermées dans le geste, la figure et le son.

Voilà donc l'homme, au moyen de la langue pensée, parlée et écrite, à même de communiquer avec lui-même et avec ses semblables présents ou absents. Mais ces trois langues se résolvent en une seule, qui est parole limitée, écrite. C'est cette nécessité de l'écriture qui a fait donner son nom à la grammaire (1), ostéologie et charpente du discours.

---

(1) Γραμμα, lettre.

CHAPITRE II.

Des diverses espèces d'écriture.

La limitation de la parole intérieure ne parvenant à aucun de nos sens, et n'ayant lieu que dans l'intelligence, il ne peut y avoir que deux sortes d'écriture véritable : celle qui s'adresse aux yeux pour donner l'idée des objets par leur image propre ou par une image convenue ; et celle qui, par le secours des yeux, s'adresse à l'ouïe, en lui apportant les éléments du son dont sont composés les mots correspondants aux idées. Nous verrons plus tard les variétés et les influences de ces deux espèces d'écriture, dont l'une peut être nommée *oculaire* et l'autre *auriculaire*, et qui donnent lieu aux deux grandes divisions des langues, *hiéroglyphiques* ou *idéologiques* et *langues alphabétiques* ou *phonographiques*.

On pourrait nous dire qu'outre l'écriture figurative des objets ou des sons, et s'adressant aux yeux ou à l'oreille, il en est une autre qui s'adresse au toucher, celle qu'on peut apprendre

à lire au sourd, aveugle en même temps, et qui
consiste à tracer sur sa peau des figures dont on
lui donne l'intelligence; et celle qui est parole
pour l'esprit de l'aveugle en présentant à ses
doigts un alphabet en relief (D). Mais nous ne
saurions tenir compte de ces écritures, d'abord
parce qu'elles font exception, qu'ensuite elles ne
peuvent convenir qu'à des êtres défectueux, privés d'un ou deux sens, et que d'ailleurs elles
rentrent dans les deux autres, étant comme elles
circonscription, limitation.

CHAPITRE III.

Origine, variétés et propriétés de l'écriture idéologique.

La première écriture, sans laquelle l'homme
ne pourrait se parler, et qui le distingue de l'a-
nimal, est, ainsi que nous l'avons dit, celle que
l'intelligence a tracée en elle-même par sa propre
activité, en analysant une perception, et en la cir-
conscrivant dans des limites qui en forment une
idée, une image intérieure. Point d'idée, point
d'image, sans limites, sans contours, sans écriture.

Au moyen de la sympathie qui existe entre le principe intelligent et l'organisation mue par une affection puissante, l'écriture intérieure devient explicite dans le geste, image tracée en l'air, fugitive et transitoire.

Au moyen de la sympathie et de l'accord qui existe entre les sens et le monde extérieur, lorsqu'un objet frappant se présente à notre vue, nous avons l'instinct et le pouvoir de l'imiter, de l'écrire. Un sauvage a-t-il intérêt à faire connaître un animal absent à un sauvage son compagnon de chasse, après l'avoir désigné par le geste, il ne lui reste rien de mieux à faire qu'à en tracer grossièrement l'image. Nommons cette écriture *figurative* ou *iconographique;* laquelle mieux que les précédentes mérite le nom d'écriture, puisque par ce mot on entend des figures fixées par le dessin et la couleur sur un corps solide quelconque.

Cette manière d'écrire, toute bornée qu'elle est, ne doit cependant être le partage que des hommes les mieux organisés et les plus intelligents des peuplades sauvages. Les jongleurs, les sorciers, les magiciens, les prêtres (1), pour acquérir plus

---

(1) Dans une religion sainte, un prêtre recommandable par

d'influence et se rendre plus vénérables et plus importants par une science occulte, donnent aux figures des objets qu'ils tracent, une signification sacrée et mystérieuse. *L'écriture hiéroglyphique* représente, par des images et des caractères naturels ou artificiels, les choses sacrées et mystérieuses, tandis que l'écriture figurative s'arrête uniquement à copier les objets. Le tatouage chez quelques sauvages est hiéroglyphique.

Cependant la civilisation avance; il se passe, à de grandes distances, d'importants événements dont il faut donner connaissance et conserver le souvenir; à l'écriture figurative, qui ne sait faire le portrait que d'objets individuels, succède l'écriture *pittoresque,* qui fait des tableaux et qui représente des groupes d'êtres et des séries de faits. Telle est l'écriture que Fernand-Cortez trouva en usage chez les Mexicains.

La civilisation avance encore : les sages qui, chez les peuples encore jeunes, exercent une espèce de sacerdoce, voyant combien la pensée acquiert de force, mise, pour ainsi dire, sous les yeux, et revêtue d'une image qui lui soit ana-

---

la science, la douceur et la charité, est de tous les hommes, celui qui honore le plus l'humanité.

logue, à travers laquelle elle brille comme un rayon dans un nuage, tracèrent dans un langage, et quelquefois dans une *écriture symbolique*, leurs idées et les points fondamentaux de leurs doctrines.

Ces signes aussi frappants que peu nombreux, ne suffisant pas aux besoins de la pensée développée dans un ordre social plus parfait, *l'écriture idéologique* renferma soit individuellement, soit par groupes, en des caractères artistement combinés, la masse d'idées qui circulait dans une nation, idées remaniées et fixées par les penseurs les plus habiles et accrédités à cet effet.

L'écriture intérieure montre immédiatement l'objet à l'intelligence; le geste le met sous les yeux; la figurative en prend une copie durable; l'hiéroglyphique fait allusion aux choses sacrées et mystérieuses; la pittoresque groupe les objets en tableaux; l'idéologique, enfin, renferme des idées conventionnelles en des caractères conventionnels. Nous n'avons pas besoin de dire que ces diverses écritures rentrent, par quelque côté, les unes dans les autres, ainsi qu'il arrive pour tout ce qui tient à nos facultés, dans lesquelles la variété se résout toujours dans l'unité. Vous voyez également que, dans toutes ces écritures, est la part de l'homme et celle de la nature, la part du premier devenant plus grande néanmoins, à mesure que le travail qui produit les langues s'étend et se perfectionne. Passons à l'écriture auriculaire.

CHAPITRE IV.

Origine, variétés et propriétés de l'écriture phonographique.

Si nous n'eussions reçu les moyens de communiquer nos pensées et nos affections aux individus de notre espèce, nous serions restés isolés, et étrangers les uns aux autres; mais nous avons été faits êtres sociables, et, en vertu des sympathies et des lois communes imposées à nos organes et à nos intelligences, nous comprenons, et cela sans études préliminaires, le geste et les voix de nos semblables. Il est une langue universelle que parlent l'intelligence et l'organisation, et que parle et entend encore mieux l'ignorant que le savant.

Mais les voix et les gestes n'expriment que des sentiments et des affections bien peu nombreuses, si on les compare à la foule d'idées qu'ex-

trait de ces matériaux primitifs la réflexion analytique, et qu'ensuite elle colore et fixe en des
images, ou en des caractères énonciatifs des sons
simples et composés.

La première écriture idéologique fut perception limitée, gravée dans l'intelligence ; la première écriture phonographique fut son analyse
par l'instrument vocal, poussé, gravé et circonscrit dans l'oreille de celui qui écouta.

De l'oreille, ce son, après avoir affecté l'organisation d'une manière analogue à sa structure,
parvient à l'esprit, qui le dépouille de ce qu'il a
de grossier, et se l'identifie, comme nous avons vu
qu'il l'a fait pour les images. L'intelligence ne peut
s'assimiler que ce qui est de même nature qu'elle.

Qu'un homme heureusement inspiré, averti
par les inconvénients de l'écriture oculaire, sente
l'avantage qu'il y aurait de rendre les sons permanents, il peindra le geste de la bouche (1) qui
forme le son le plus simple, et il écrira la voyelle.

Lorsque le son est composé, surtout d'éléments dissemblables, tels que la consonne et la
voyelle, alors l'opération se complique et présente des difficultés. «Dans la syllabe *ba*, l'oreille

---

(1) *Gestus oris*, Aulugelle.

« entend d'abord le *b*, ensuite l'*a*, et l'on garde le
« même ordre quand on écrit les lettres qui
« font les syllabes, et les syllabes qui font les
« mots (1). » Mais comme la consonne, pour être
entendue, pour sonner, est dans l'indispensable
nécessité de se présenter accompagnée d'une
voyelle, quelques langues, notamment l'hébreu,
l'arabe, le persan, ont négligé d'écrire celle-ci,
supposant sa présence, donnant au lecteur à la
suppléer mentalement, et tenant ainsi son esprit dans un travail continuel de divination et
de composition; grave inconvénient que Volney
n'a pas manqué de signaler (2), et auquel par la
suite on a cherché à remédier par des points et
des affixes. Telle est *l'écriture syllabique;* à la
consonne est attachée une voyelle sous-entendue; l'œil y voit la première, tandis que l'esprit
doit y être en quête de la seconde. La langue
chinoise dans sa partie phonétique, écrivant et
parlant, si l'on peut s'exprimer ainsi, des mots
entiers et tout d'une pièce, ne peut suivre la
pensée dans ses imperceptibles filiations avec le
rayon sonore.

---

(1) Dumarsais, Principes de Grammaire.
(2) Voyez Alphabet Européen.

Lorsqu'au contraire, les sons simples sont tracés séparément, lorsque les éléments des sons composés sont également tracés séparément, alors on a le plus parfait des alphabets, celui de *l'écriture littérale* ou *phonographique,* qui poursuit l'idée, ses nuances et ses rapports, jusque dans les moindres ramifications et modifications du son vocal.

Puisque le propre de toute écriture est de fixer et de rendre sensible la parole qui, dénuée de ce secours, serait éphémère et incertaine, et n'aurait d'autre appui que la mémoire et des traditions obscures, en avoir montré les propriétés est en avoir prouvé l'influence, et résolu à l'affirmative la moitié du problème proposé par l'Académie des inscriptions et belles-lettres.

Pour résoudre l'autre moitié, reste le point le plus difficile et le plus important, qui consiste à indiquer l'espèce d'influence exercée par l'écriture, soit idéologique, soit phonographique, sur les langues qui les ont adoptées, influence qui ne peut être déterminée, si l'on ne sait quelle est la fin et la destination du langage humain, et quels sont les moyens par lesquels il parvient à atteindre son objet ; car, pour dire quelle influence une chose a sur une autre, il faut non-seulement chercher, comme nous l'avons fait pour l'écriture, ce qu'est cette chose, mais encore ce qu'est et doit être celle sur laquelle son action s'exerce. Pour savoir comment une écriture influe en bien ou en mal sur une langue, il faut connaître ce qui est bien ou mal pour cette langue.

~~~~~~

CHAPITRE V.

Fin et perfection du langage.

La fin et la destination des langues les plus parfaites est d'exprimer tout ce qui est, et tout ce qui se passe hors de nous et en nous, et qui parvient à nos sens et à notre intelligence.

Les êtres divers, leurs actions, leurs mouvements, leurs modifications, leurs qualités, leurs harmonies, leur analyse, leurs combinaisons, leurs rapports, nos idées, nos affections, sont ce qui se présente à notre esprit et à nos sens et qui doit être reproduit dans le langage et par le langage.

Le langage ne naissant pas tout fait, c'est un instrument qu'il faut créer avec les matériaux qui nous ont été donnés pour cet usage, savoir : notre activité intelligente, quelques rayons so-

nores, et quelques menus linéaments. De là doit
sortir le phénomène qui réfléchit individuellement et collectivement toutes les parties sensibles
et intelligibles de l'univers.

Le phénomène ne sera complet qu'autant qu'il
reproduira les moyens qui l'auront créé, je veux
dire les procédés de l'intelligence humaine, et les
onomatopées oculaires et auriculaires que la vue
et l'ouïe rencontrent dans tous les objets, et qui
réveillent l'instinct d'imitation de ces deux sens (1).
*Le langage humain est, par son essence, logique
et imitatif des sons et des objets.* Une langue est
donc parfaite en raison de la perfection de sa
grammaire générale qui correspond à notre constitution intellectuelle, et de sa grammaire particulière dont toutes les parties correspondent aux
objets et à leurs rapports.

---

(1) Voyez Problème de l'esprit humain, page 165, jusqu'à
page 185.

CHAPITRE VI.

Moyen par lequel le langage arrive à sa fin et atteint sa perfection.

Si nous n'avions que des idées isolées, nous n'exprimerions que des objets individuels sans correspondance, liaison, ni rapports; nous serions réduits à moins que l'instinct des animaux. Mais notre principe intelligent voit les rapports qu'ont entre eux les objets et les idées; il les calcule, les pense, les rassemble, les combine; il trouve dans la sympathie qui l'unit aux êtres divers le ciment des mots qui les font connaître; constitué logiquement, il façonne ces matériaux à sa ressemblance, et il les renferme dans leurs plus étroites analogies, donnant aux langues leurs ligaments et leurs articulations. La grammaire générale est l'application de la logique à toutes les parties du discours, dont la grammaire particulière forme les membres divers, soumis eux-mêmes aux lois de l'analogie.

Ayant d'abord remarqué l'individualité des objets et la sienne propre, l'esprit a eu besoin

pour les connaître et les raconter, de ne pas les
confondre ; il les a distingués, il a donné à chacun une forme particulière ; il a créé les mots
substantifs, signes d'objets individuels.

Ces objets n'apparaissant jamais qu'avec leurs
qualités, il a formé les *adjectifs*.

Les qualités étant inséparablement unies à
l'objet, il a énoncé ce fait, il a déclaré ce qui *est*,
il a créé le *verbe*, parole par excellence, ame de
la proposition, vie du discours.

Mais les objets passant par diverses mutations,
et prenant des formes variées, le génie forma-
teur des langues a indiqué ces mutations par une
modification dans les mots, dont la désinence a
été légèrement fléchie (E). Il a formé les *cas*,
heureux artifice qu'il a appliqué aux adjectifs,
dépendances du sujet, et qu'en vertu d'une in-
duction suggérée par une utilité imminente, il
a transporté aux verbes, obtenant ainsi les *déclinaisons* et les *conjugaisons*, parties organiques
et essentielles de la grammaire.

Tout acte se passant dans le présent, le passé
ou le futur, on a donné des *temps* aux verbes.
Mais le passé et le futur sont plus ou moins
rapprochés du présent, ce qui a fait subdiviser
les temps, suivant l'époque précise et les circonstances où ont lieu les événements.

L'action est déterminée et complète, ou dépendante et conditionnelle; renfermée dans un souhait ou un commandement, ou actuelle et absolue, ce qui a fait établir les *modes* des verbes.

Nécessairement c'est quelqu'un qui parle à quelqu'un, et de quelque chose. Pour n'en point répéter trop souvent les noms propres, ont été inventées les *personnes* des verbes caractérisées par leurs pronoms ou par la configuration elle-même des mots.

Le sujet des verbes étant tantôt dans un état actif, tantôt dans un état passif, on a eu des verbes *actifs* ou *passifs* signalés par leurs formes ou par quelques signes particuliers. Les verbes ont été *neutres*, lorsqu'ils n'ont pas exprimé une action, mais seulement une manière d'être; ils ont été *réfléchis*, lorsque l'action va de nous à l'objet ou réciproquement.

Lorsque l'analyse remonte à l'origine du substantif, du verbe et de l'adjectif, membres constitutifs de la proposition, elle trouve sous chacun de ces mots des réalités, des choses existantes, mues ou mouvantes. Sous le substantif, elle trouve l'objet; sous le verbe, l'action; sous l'adjectif, la qualité. En conséquence de quoi, les Chinois ont nommé cette sorte de mots *pleins*. Il en est d'autres qu'ils ont nommés *vides*, et dont nous allons chercher l'origine et les propriétés.

Rien n'est absolu dans ce que nous éprouvons et qui doit être manifesté par la parole ; tout y est subordonné à l'espace et au temps, idées immenses dans lesquelles se perdrait le langage, si l'on ne fixait des points précis dans la situation et l'époque d'existence des objets du discours. D'où la nombreuse famille des *prépositions* et des *adverbes* (1) de temps et de lieu.

Rien, par rapport à nous, n'est grand ni petit; tout est comparativement grand et petit ; ce qui a produit les *degrés de comparaison* et les particules et les adverbes de *qualité*, qui déterminent les idées de grandeur et de petitesse en les rapportant à leur mesure relative.

Les choses nous apparaissent unies ou séparées, observation que nous réalisons dans le langage, au moyen des particules *conjonctives* ou *disjonctives.* Nous doutons qu'il existe aucune préposition, quelque fonction qu'elle ait à remplir, qu'on ne puisse ramener à un des rapports que nous venons d'indiquer, de *lieu*, de *temps*, de *quantité*, de *qualité*.

---

(1) Les adverbes ne sont que des prépositions ayant leur complément.

Si maintenant, comme nous l'avons fait pour le substantif, l'adjectif et l'adverbe, nous voulons redescendre par l'analyse à l'origine des particules, au lieu d'arriver à des objets réels et positifs, nous ne rencontrerons que des vues de notre esprit, des relations insaisissables aux sens. Ce qui montre la justesse du nom de *vides* (1) donné aux prépositions, ou *exposants* des *rapports*, impalpable ciment des matériaux du discours.

Ce que le génie du grammairien vient de marquer au dehors, par des signes propres, *substance*, *action*, *qualité*, *rapports*, fournira à la pensée le type d'un second langage correspondant au premier, produit et miroir de notre être et de notre activité intellectuelle. La parole organisée a dit le *monde extérieur*; la même parole va dire le *monde intérieur*.

La *proposition*, affirmation de l'être, centre d'attraction de toutes les parties du discours, nous est donnée dans chaque perception; elle est une des conditions de l'action de notre esprit;

---

(1) *Là*, *hier*, *beaucoup*, *bien*, sont considérés, généralement parlant, comme des abstractions, quoique susceptibles d'avoir des applications positives.

sans le pouvoir de la former, nous ne saurions penser, parler, nous serions animaux. Mais nous ne percevons ni n'exprimons que l'être et ses modifications; et dans l'être est substance et qualité. Le substantif, l'adjectif et le verbe se contiennent les uns les autres et sont réciproquement conversibles (F). Dans chaque substantif, dans chaque adjectif, dans chaque verbe, il y a proposition.

Les mots ne peuvent donc avoir un sens que comme organes intégrants de la proposition; détachés d'elle, ils seraient des membres morts. Mais la proposition n'est que l'enveloppe, la forme du *jugement*.

Or, le jugement ne peut avoir lieu qu'au moyen de la comparaison, et tous les objets sont comparables, semblables et différents.

Il a donc fallu, pour former le discours, uniquement composé de propositions, et de jugements résultant de comparaisons, noter par des signes les ressemblances et les différences des êtres, suivant notre mode de les concevoir. Vouloir les noter tous et chacun en particulier, comme nous le faisons pour les individus de la famille humaine, serait travail superflu, témérité sans résultats. Qui oserait seulement donner des noms spéciaux à chacune des feuilles des

arbres d'une forêt? Qui, supposé qu'on pût en
venir à bout, pourrait les retenir? Afin de ne
point accabler la mémoire sous un fardeau infiniment supérieur à ses forces, on s'en est donc
sagement tenu à l'observation des ressemblances
et des différences les plus générales. Minéraux,
végétaux, animaux, tout, depuis les astres jusqu'aux cirons, a été classé en genres, espèces,
familles, variétés, se tenant par leurs traits de
conformité et s'éloignant par leurs points de dis-
semblance. Dès-lors, l'esprit humain a été pourvu
d'un de ses meilleurs leviers, les mots *appellatifs* ou *communs*, résultat du beau travail qui a
séparé et réuni tous les êtres en groupes divers.

Et pour restreindre et préciser ce que, relativement aux besoins du discours, ces mots eux-
mêmes ont parfois de trop vague et de trop
étendu, on a inventé les *adjectifs métaphysiques*
(G), qui leur laissent toute leur compréhension,
ou ne leur en donnent qu'une partie, et même
ne désignent en particulier qu'un individu de
l'espèce. La formation des mots appellatifs a nécessité celle de leurs *déterminatifs*.

Le génie des langues va faire un nouveau pas;
pas de géant : L'ÊTRE, le verbe par excellence
(H), qui se manifeste par lui-même, et, avec

soi, tout le discours; l'être, dont le langage est chargé de nous représenter les propriétés, les formes, les variétés, les divisions et les nuances, ne nous important et n'excitant notre volonté que par les qualités dont il est le lien et la substance, notre action interne l'unit à ces *qualités* et forme les *verbes adjectifs*. Le verbe substantif dit L'ÊTRE; le verbe adjectif dit le mode D'ÊTRE : aimer, haïr, n'est qu'être aimant, être haïssant, etc. Les verbes adjectifs sont des jugements abrégés portés sur tout ce qui existe. Quelques uns de ces jugements tranchent instinctivement le nœud du problème que, depuis trente siècles, cherche à dénouer l'esprit humain; nous disons : le SOLEIL BRILLE, DIEU EXISTE : donnant ainsi une réalité *objective* à ce qui, philosophiquement parlant, n'est qu'une image, une idée, une affection.

Par une audace peut-être plus grande encore, dupes de nos propres conceptions, nous formons de celles-ci des réalités, des êtres abstraits. Faisant, suivant la belle expression de M. Guillaume de Humboldt, la prosopopée de notre activité intérieure, nous individualisons ce que tout-à-l'heure nous avons généralisé, nous créons l'*amour*, la *haine*, la *vie*, la *mort*, êtres chimériques, empreints de tant de vérité par notre action intelligente, que les poètes et les mythologues de tous les lieux et de tous les siècles les ont fait mouvoir comme des créatures douées de vie, et qu'à des époques où l'analyse n'avait point assez démêlé l'artifice du langage, on en crut le type subsistant et éternel, croyance qui eut aussi ses martyrs.

Soit qu'elle ait eu à manifester le monde extérieur, soit qu'elle ait eu à réaliser le monde intérieur, la parole n'a eu qu'à trouver quatre sortes de mots correspondants à tout ce qui existe, SUBSTANCE, ACTION, QUALITÉ, RAPPORTS (1). Munie de ces organes, elle peut unir la proposition à la proposition, et, dans une série de jugements, exposer toutes les idées humaines dans leur plus haut degré d'évidence; ce qui, néanmoins, ne peut avoir parfaitement lieu que par l'arrangement convenable des mots et des propositions, que la syntaxe soumet aux lois de l'analogie, s'adressant de préférence à la raison

---

(1) Par cela seul est prouvée l'infériorité des langues qui n'ont point su diviser leurs mots en substantifs, adjectifs, verbes et prépositions, et qui n'ont point modifié les terminaisons des mots et des verbes, et fait des inflexions finales de ceux-ci les signes de leurs rapports. Plus tard, notre sujet nous forcera à montrer plus particulièrement cette infériorité.

dans les langues directes, et ayant plus égard à
l'imagination dans les langues inversives (I).

Un tissu harmonique de propositions, logiquement réunies dans l'unité du même sens,
remplissant l'esprit et l'oreille sans les déborder,
et saisies par une seule perception organique et
mentale, est ce que nous nommons *période*,
partie nécessaire de toute langue perfectionnée(1),
laquelle a non seulement pour but de se rendre
intelligible, mais encore d'émouvoir les sens,
et cela même pour être plus intelligible.

La période, ainsi que le mot l'indique, suppose l'accent et la *prosodie*, c'est-à-dire des
mots composés de syllabes longues et de syllabes
brèves, dont la prononciation soit caractérisée
par des tons divers.

Résumons-nous : les mots, leur nature, leurs
propriétés, leur arrangement, leur système harmonique, leur mesure, leur accentuation, leurs
intonations, tels sont les objets de la GRAMMAIRE.
La lexicographie, la syntaxe, la période, la prosodie, en sont les divisions essentielles, dont la
grammaire générale est la logique et la raison.

_____

(1) *Est autem in dicendo etiam quidam cantus.* Cic. de
Oratore.

La grammaire générale est la même pour toutes les langues, parce qu'en tous lieux, les lois de la pensée humaine sont les mêmes. Les dictionnaires et la grammaire particulière diffèrent, parce que les mots et leurs formes sont relatifs aux organisations qui varient selon les climats; la syntaxe, la part une fois faite à ce qui est d'analogie nécessaire, n'est qu'un composé d'idiotismes correspondants aux mœurs et aux affections individuelles des peuples; la période et la prosodie sont en raison de la perfection des langues. On nous dira peut-être que la période et la prosodie appartiennent spécialement à la poésie : nous en convenons, quant à ce qui tient à leurs effets les plus remarquables; mais elles rentrent dans le domaine de la grammaire pour ce qui concerne leurs éléments et leurs formes organiques.

On nous objectera encore, qu'en présentant la grammaire comme moyen du développement et du perfectionnement des langues, nous avons pris l'effet pour la cause, puisqu'il est incontestable que les langues ont existé avant la grammaire. La grammaire sans doute, si l'on parle de celle qui est artificielle et rédigée en corps de préceptes, est postérieure au langage ; mais l'esprit de la grammaire (K), en vertu duquel les langues s'établissent et se développent, existe dans l'intelligence humaine, avant d'être appliqué à leur formation et à leur perfectionnement. Si le grammairien a trouvé toutes faites les analogies et la logique qui président à ses travaux, il n'en a pas moins contribué, par ses observations, à régler, polir, fixer, et à mieux faire comprendre, les idiomes sur lesquels il a écrit; et lorsqu'on parle de la grammaire en général, ce n'est point de la grammaire naturelle et sous-entendue qu'il s'agit, mais de celle qui est artificielle et explicite, et qui résulte de nos observations sur les opérations de nos facultés intellectuelles.

Ce qui précède montre avec évidence que chaque portion du langage n'est qu'une des formes de notre esprit en rapport avec le monde extérieur ou intérieur; que la grammaire étant l'organisation de toutes les parties du discours, une LANGUE EST PARFAITE EN RAISON DE LA PERFECTION DE SA GRAMMAIRE; et que si l'esprit humain pouvait se perdre, il se retrouverait dans le langage, où il laisse les traces de tous ses mouvements, et en quelque sorte la forme de sa substance.

Que si l'on veut maintenant soumettre les diverses langues à une classification rationnelle, il semble qu'on ne puisse mieux faire pour fixer leurs divers degrés de mérite, que de les ranger suivant le nombre et la perfection de leurs organes. Le premier en importance est incontestablement le verbe, parole par excellence, expression de l'activité humaine dans son pouvoir de juger, dont l'artifice est si savant, si utile, si compliqué, et qui semble faire dans le discours l'office que le système nerveux remplit dans notre organisation. Le nom, dont les formes rivalisent avec celles du verbe (1), tiendra le second rang. Viendront ensuite les prépositions, qui acheveront de donner au discours toute la clarté, la liaison, l'étendue et la précision dont il est susceptible.

Observons, avant de poursuivre notre travail, que malgré ce que nous venons de dire, on ne devrait pas regarder comme la plus parfaite des langues celle qui aurait le dictionnaire le plus volumineux, dont les verbes et les noms affecteraient les formes les plus variées et les plus nombreuses, et qui abonderait le plus en pré-

---

(1) Les Latins appliquaient également le nom de *déclinaison* aux noms et aux verbes. Les flexions des uns et des autres ne sont en effet que dans la terminaison, la chute, le *cas*, le *déclin* des mots.

positions; mais celle qui posséderait toutes ces choses dans les plus justes proportions.

Ici, comme dans tout le reste, la trop grande abondance est pénurie. A quoi servent, si ce n'est à embrouiller et à étouffer la mémoire et l'intelligence, les mille noms que les Brahmes donnent au soleil? Les langues, destinées à saisir les objets, doivent ressembler à la main, qui, pour bien remplir ses fonctions, ne doit avoir ni trop ni trop peu d'articulations. Telles, nous croyons, sont celles qu'on nomme classiques, et qui vraisemblablement tirent leur origine du samscrit, langue, peut-être, dont le défaut est trop d'abondance et trop de luxe.

CHAPITRE VII.

Influence de l'absence de toute écriture sur la formation d'une langue.

La question proposée par l'Académie ne peut concerner ces peuplades errantes dans les sables de la Nouvelle-Zélande ou aux extrémités du cap Horn, lesquelles savent à peine assembler quelques mots qui constituent la simple proposition, dont encore elles saisissent l'ensemble, plutôt par la nécessité du sens qu'elle renferme, que par la forme grammaticale qui l'exprime. Pour ces hordes misérables, il ne s'agit pas de chercher quelle a été l'influence de l'absence de toute écriture sur une langue qu'elles n'ont pas ; il s'agit plutôt de savoir comment à l'aide du geste, de l'écriture figurative, hiéroglyphique, pittoresque, symbolique, idéologique et phonographique, elles parviendront, sollicitées par leurs besoins, et profitant des inventions de quelqu'un de leurs compatriotes doué d'un génie supérieur, à se donner d'abord un idiome grossier et borné, propre à manifester le petit nombre de leurs besoins les plus indispensables, et les objets correspondants à ces besoins. On peut juger de la difficulté qu'elles éprouveraient à s'élever à la proposition complexe régulièrement construite, par la numération de plusieurs tribus qui ne peuvent compter jusques à cinq, quoique ce nombre soit figurativement et presque littéralement écrit à chaque main, les cinq doigts représentant comme autant de caractères.

Chez des hommes occupés du besoin de se défendre contre les agressions des animaux, moins dangereuses que celles de leurs semblables, contre l'inclémence des saisons et la pénurie des

vivres, à peine s'il reste assez de loisir et assez
de force intelligente, ainsi que le prouvent les
relations des voyageurs, pour s'assurer, de science
certaine, que *trois* objets vus à des époques éloi-
gnées et comparés intérieurement dans la mémoire, sont en même nombre et ne sont ni plus
ni moins que *trois*. Il faut un long temps, une
forte méditation, du loisir et du bonheur, pour
songer à donner et pour donner effectivement
un signe et un son au rapport numérique qui
existe entre ces trois unités.

Pour en concevoir la difficulté, il faut songer
qu'on ne peut avoir l'idée de trois sans avoir l'idée
de deux, ni celle de deux sans avoir l'idée d'unité,
puisque deux n'est qu'un plus un, et trois deux
plus un. Or, quelque isolé, quelque un que soit
un objet, il ne commence pas par détacher de
lui l'idée d'unité à l'effet de nous la communiquer. Cette idée reste confondue dans ses autres
qualités bien plus apparentes et d'un usage bien
plus attrayant. Il faut donc vouloir l'en détacher,
et l'en tirer effectivement pour l'apercevoir.
Comment obtenir, saisir, reconnaître, faire reconnaître ce résultat, création imperceptible,
invisible, si on ne lui donne sa forme et sa con-
sistance, si on ne la marque d'une figure?

Nous venons de voir qu'un objet individuel,

isolé, ne donne point ce signe, et qu'il ne représente l'unité que lorsqu'on lui a attaché une signification spéciale et abstraite, se rapportant à tout autre chose qu'à l'objet lui-même. Ainsi les écritures, figurative, hiéroglyphique, pittoresque, symbolique, ne suffisent à donner l'idée d'unité et à la faire passer ensuite dans le langage, qu'autant qu'elles arrivent (faculté qui est en elles) à l'état d'écriture idéologique.

Ces écritures, même lorsqu'elles sont parvenues à représenter la simple unité abstraite, ne poussent pas bien loin l'esprit dans la numération. Il n'avance un peu que lorsqu'il s'est occupé du rapport qui existe entre les unités, et qu'il a créé, pour les exprimer, des chiffres et des noms de nombre. Montrez à un sauvage qui a l'idée d'unité, une file de cailloux placés à côté l'un de l'autre, il n'aura d'idée de leur nombre que celle que lui donnera un acte perceptif instantané de sa mémoire, et qui embrassera deux, trois, quatre, cinq au plus, suivant sa force de compréhension. Le reste lui semblera aussi innombrable que ses cheveux, ce qu'il indiquera en les montrant et en les agitant par un mouvement de tête.

Ce que nous venons de dire de la formation de l'unité abstraite, est applicable aux divers mots

3

d'une langue quelconque, qui sont tous des abstractions, les noms propres des individus de la race humaine exceptés, et quelques autres par extension. L'homme ne peut donc commencer à se donner une langue que lorsque, à l'aide du geste ou de la figure des objets ayant la valeur d'écriture idéologique, il a pu former des abstractions et les rendre sensibles à la vue et à l'ouïe par des signes qui s'y rapportent. Une peuplade qui prélude à la civilisation doit, pour se créer un idiome, même informe, inventer d'abord l'écriture figurative, hiéroglyphique, pittoresque, ou symbolique, lesquelles conduiront ensuite aux écritures idéologique et phonographique. Concluons donc que l'influence de l'ABSENCE DE TOUTE ÉCRITURE SUR UNE LANGUE A FAIRE EST TELLE, QU'IL EST PROBABLE QUE CETTE ABSENCE EN AURAIT RENDU LA FORMATION IMPOSSIBLE. Autant la parole est nécessaire à la pensée, autant l'écriture est indispensable à la formation de la proposition complexe, laquelle est condition obligée de toute langue, quelle qu'elle puisse être.

CHAPITRE VIII.

Influence de l'absence de toute écriture sur une langue déjà faite et parlée par des peuples qui ont existé long-temps sans avoir l'art d'écrire.

Des peuplades sauvages dont nous venons de parler, distinguons ces nations à demi barbares, fragments d'une antique civilisation brisée par quelque grande catastrophe, qui parlent, depuis des siècles, des langues artistement travaillées, dont elles ont hérité et qui les ont suivies dans leur migration et leurs fortunes diverses. Ici est le point précis de la question proposée par l'Académie, à la solution duquel les observations qui précèdent ont dû servir de préliminaire.

Sans revenir sur ce que nous avons dit de la limitation de toute idée dans l'intelligence, pour qu'elle puisse y être aperçue et saisie, de sa circonscription dans le geste, sortes d'écritures naturelles dont les premiers rudiments ne doivent rien à l'art, mais qui servent de canevas à ses travaux ultérieurs, il est douteux, et, quant à

3.

nous, nous le tenons impossible, qu'il existe un
seul peuple parlant une langue émanée d'une
civilisation un peu avancée, qui n'ait à certains
degrés quelqu'une des écritures artificielles
dont nous avons tracé le tableau. Des hommes
dont l'esprit et l'organe vocal sont assez exercés
pour articuler les sons, et appliquer à propos les
nombreuses modifications des noms et des verbes,
et des hardies abstractions que renferme leur
idiome, seraient-ils d'ailleurs assez abrutis pour
ne savoir comment reproduire la grossière image
d'un animal redoutable qui porte tout-à-coup
l'épouvante dans le pays, ou tracer le tableau imparfait d'événements pour lesquels ils n'ont point
d'expression toute faite, et qui intéressent néanmoins l'existence de chacun et celle de la patrie?
Les sculptures que l'on voit sur l'arc et les pi-
rogues des sauvages, leur tatouage sont une
preuve du contraire, et que l'homme qui parle
une langue complète ne tombe pas à un tel degré
de stupide incapacité (L).

Plus difficile est peut-être encore chez ces
peuples l'abolition totale de l'écriture hiéroglyphique. Ses caractères réputés sacrés, et con-
fiés à l'explication et à la garde des hommes les
plus savants, les plus vénérés et les plus inté-
ressés à les conserver, servent d'asile inviolable

à un petit nombre de mots, d'idées, qui ont leur équivalent dans la langue parlée, mots et idées qui conservent à leur tour les caractères hiéroglyphiques.

Disons la même chose de l'écriture symbolique, qui ne peut se perdre totalement chez une nation, tant qu'en parlant elle use de métaphores, lesquelles semblent être de l'essence de toute langue (1). Partout où un lion signifiera force, tigre cruauté, colombe innocence, on saura grossièrement représenter l'image de ces animaux.

Il est donc permis d'assurer que les peuples qui depuis long-temps parlent une langue à peu près complète, ont conservé l'écriture figurative, et presque aussi nécessairement l'écriture pittoresque et symbolique. D'après cela, ils ne nous semblent pouvoir jamais tomber aussi bas que les misérables hordes forcées d'inventer leur langage, et qui ne l'avancent un peu qu'autant qu'elles ont trouvé et employé les écritures dont nous venons de parler.

---

(1) Composé d'une double substance, et forcé, en parlant, d'exprimer son être, l'homme ne peut parler que symboliquement.

Mais nous avons vu que les écritures réduites
à leur usage le plus borné, peuvent à peine suf-
fire aux premiers besoins de l'intelligence. Leur
service n'est rien si on le compare à celui que
rend l'écriture proprement dite idéologique. Ce
que nous disons de ces écritures comparées à
cette dernière, nous le disons de celle-ci (et
nous espérons donner plus tard la preuve de ce
que nous avançons), comparée à l'écriture phonographique.

Tandis que les écritures figurative, hiéroglyphique, pittoresque et symbolique, inhérentes
presque à la parole et nées pour ainsi dire avec
elle, mais qui ne représentent en grande partie
que des idées et des sentiments instinctifs, ne
peuvent totalement se perdre, les écritures idéologique et phonographique, produit du travail
de l'esprit humain, sont susceptibles, lorsque ce
travail cesse, ce qui a quelquefois lieu par suite
d'une grande catastrophe qui disperse un peuple
et le réduit à ne pouvoir plus s'occuper que de
ses besoins corporels, ces écritures, disons-nous,
sont sujettes à se détériorer et à se perdre entièrement.

Avec elles se perd insensiblement la langue
du peuple qui les avait adoptées. Comment en
serait-il autrement? Toutes les idées de culture

intellectuelle ayant cessé d'intéresser ce peuple, les mots qui en étaient les signes commémoratifs sont bientôt oubliés : et comme ces mots, dans l'hypothèse sur laquelle roule ce chapitre, ne sont point retenus et fixés dans l'écriture, ils disparaissent l'un après l'autre et périssent sans pouvoir être retrouvés ; il ne reste plus que ceux qui ont rapport aux besoins les plus essentiels de la vie sensitive, avec une grammaire et une syntaxe mutilées et corrompues, ruines informes d'une antique civilisation.

CHAPITRE IX.

Influence de l'écriture idéologique sur les langues.

Vous posez, dira-t-on, affirmativement dans le titre de ce chapitre l'influence de l'écriture sur les langues, avant de l'avoir prouvée. De ce que nous avons dit plus haut, il résulte évidemment que la pensée n'est pensée que lorsqu'elle a revêtu une forme; que cette forme ne peut avoir lieu qu'au moyen de la parole mentale, orale ou visible; qu'elle est limitation de la perception du son, de l'image, c'est-à-dire circonscription, écri-

TURE. Ainsi donc, de toute nécessité, l'écriture influe sur les langues puisqu'elle en fait partie. « Car toute opération du langage consiste à don-« ner du corps à la pensée, à en arrêter le vague « par l'impression fixe que laissent les sons arti-« culés (1).» Donner un corps à la pensée, en arrêter le vague, est la limiter dans l'esprit, dans le son et dans l'image.

Tenons donc pour démontré que, généralement parlant, l'écriture influe sur les langues : le mode de cette influence n'en restera pas moins à déterminer. Examinons quel est celui de l'écriture idéologique, et pour cela étudions la nature spéciale de cette écriture, et disons en quoi elle diffère de toutes les autres. Nous pourrons savoir ensuite comment elle agit sur la LANGUE PARLÉE, sur la LANGUE GRAMMATICALE (2) et sur la LANGUE PENSÉE.

---

(1) Lettre de M. G. de Humboldt à M. Abel-Rémusat, sur la nature des formes grammaticales en général, et sur le génie de la langue chinoise en particulier, page 27.

« Ils semblent ignorer que l'écriture en Chine est réellement « une partie de la langue. » (Page 82.) La langue du sourd-muet, laquelle est purement idéologique, est tout entière dans son écriture.

(2) On écrite, d'après la signification étymologique. Nous

L'écriture intuitive grave l'objet dans l'intelligence au moyen d'un mouvement déterminé de l'organe cérébral ; *l'écriture figurative* montre l'objet dans l'image de celui-ci ; *l'écriture hiéroglyphique* réveille des idées mystérieuses avec des caractères la plupart du temps naturels (1) ; *l'écriture pittoresque* (IN REBUS) représente des séries d'êtres et d'évènements historiques ; *l'écriture symbolique* laisse voir des idées le plus souvent morales, sous le voile d'objets physiques analogues ; *l'écriture syllabique* peint le son composé en sous-entendant quelqu'un de ses éléments ; *l'écriture littérale* les figure tous, chacun en particulier ; *l'écriture idéologique*, sans s'arrêter directement à la représentation des objets visibles, mystérieux, historiques ou allégoriques, ou à celle des éléments du son simple ou composé, s'attache à exprimer toute sorte d'idées individuelles ou groupées, avec des caractères conventionnels. Pour ne point nous perdre en des

---

verrons plus bas, combien peu favorable à la grammaire est l'écriture idéologique.

(1) « Il n'y a d'*hiéroglyphe* ou *écriture sacrée*, que l'écri-« ture égyptienne qui procède par signes-portraits. » (Champollion-Figeac, *Introduction à l'Ethnographie de M. Balbi.*) On voit que nous nous éloignons un peu de cette définition.

généralités, nous allons voir ce qu'elle est dans la langue chinoise, seule langue idéologique qui existe (1), et le plus curieux phénomène qu'aient produit les facultés humaines.

~~~~~~

CHAPITRE X.

Influence de l'écriture idéologique sur la langue parlée.

« LES Chinois n'ont point de lettres propre-
« ment dites (2). Les signes de leur écriture, pris
« en général, n'expriment pas des prononciations,
« mais des idées (3). »

De là il résulte évidemment que l'essence même de l'écriture idéologique est en opposition avec l'essence des langues, qui, suivant la signi-

---

(1) M. Abel-Rémusat considère le japonais, le coréen, le tonkinois, le cochinchinois, lorsqu'ils emploient des carac-tères de la langue chinoise, comme de simples patois.

Voyez Éléments de la Grammaire Chinoise, par M. Abel-Rémusat, page 34.

(2) Le dictionnaire est l'alphabet des langues idéologiques.

(3) Éléments de la Grammaire Chinoise, page 1ère.

fication du mot, ont pour fin d'être parlées, et
de communiquer, au moyen de l'air modifié par
l'organe local, les affections qu'éprouvent les
individus de la race humaine. S'ils naissaient
tous sourds-muets, l'écriture idéologique suffirait à leurs besoins, et il ne leur serait peut-être
pas impossible de l'inventer avec le secours de
la réflexion et de l'expérience aidées du geste.
Disons que L'ÉCRITURE PUREMENT IDÉOLOGIQUE
TEND A RENDRE LE LANGAGE MUET.

Mais il faut qu'une langue parle : qu'ont fait
les Chinois pour ne point tomber dans le mutisme idéologique? à leur langue écrite ils ont
accolé et ajusté une langue parlée. « La langue
« parlée et la langue écrite sont donc bien distinctes
« et séparées (1). » Mais comment s'y est-on pris
pour faire parler une langue qui n'a point de
lettres propres à composer et à décomposer le
son, à exciter et régler les mouvements de l'organe vocal et en produire les articulations? Les
Chinois ayant parlé avant que d'écrire, «ils s'en
« sont tenus aux sons qu'ils avaient eus dès les
« premiers temps. Le nombre en est peu considé-

_____

(1) Éléments de la Grammaire Chinoise, par M. Abel-Rémusat, page 1ère.

« rable : ce sont des mots bien courts, ou même
« des monosyllabes commençant par une articu-
« lation et finissant par des voyelles ou des diph-
« thongues pures ou nasales (1). Voilà donc deux
« langues, dans une langue. Toutefois chaque
« mot de l'une répond au signe de l'autre qui
« représente la même idée, et réciproque-
« ment (2). »

Le premier résultat de cette double langue,
NÉCESSITÉE PAR LA NATURE MÊME DE L'ÉCRITURE
IDÉOLOGIQUE, est de soumettre l'intelligence des
Chinois à l'un des inconvénients renfermés dans
le dilemme qui suit : ou le signe phonétique dit
exactement ce que dit le signe idéologique, et
alors, il y a double emploi, surcharge pour les
yeux, l'esprit et la mémoire ; ou le signe phonétique dit plus ou moins que le signe idéologique,
et alors, celui qui connaît tous les mots de sa
langue, n'a néanmoins qu'une faible connaissance
de celle-ci. En un mot, on ne peut savoir le
chinois sans le savoir lire et écrire ; et au lieu
que dans les langues alphabétiques, en écrivant

----

(1) Éléments de la Grammaire Chinoise, page 23.
(2) *Idem*, page 1ère.

l'idée on écrit aussi le son, il faut en chinois écrire séparément l'idée et le son.

Pour celui qui sait les deux langues, la parlée et la non parlée, le caractère éveille la mémoire du son, et le son rappelle l'image du caractère (1); mais comme « ni le premier n'est la peinture « du second, ni le second l'expression du pre- mier (2), » il s'ensuit que «celui qui sait les deux « langues est toujours en état (nous croyons qu'il serait plus exact de dire : est presque tou- jours hors d'état) de rapprocher ces deux sortes « de signes (3)» : de sorte qu'en écrivant, en li- sant et en parlant, on est assujetti à un quadru- ple travail qui résulte de la nécessité de recon- naître la forme et la valeur des caractères, et la forme et la valeur du mot, sans parler des mo- difications qui résultent de leur action réciproque.

Non-seulement le caractère idéologique et le signe phonétique n'ont rien de commun qui mène de l'un à l'autre, mais encore, pour « au moins la

---

(1) « Je crois pouvoir supposer, d'après ces données, qu'en « parlant, et même en pensant, les caractères de l'écriture sont « très-souvent présents à ceux qui parmi les Chinois savent lire « et écrire. » Lettre de M. G. de Humboldt à M. Abel-Rémusat, page 81.

(2 et 3) Éléments de la Grammaire Chinoise, page 23.

« moitié des mots de la langue écrite » (1), ils ne se tiennent que par un rapprochement bizarre. Ainsi le signe phonétique qui signifie *lieu*, accolé au signe image qui signifie *poisson*, voudra dire CARPE; et le mot qui veut dire *blanc*, joint au caractère qui veut dire *arbre*, signifiera CYPRÈS (2).

Les caractères de la langue chinoise sont de trente à quarante mille (3); le nombre des mots ne va qu'à douze cent trois. « Ces douze cents « syllabes servant à prononcer des milliers de ca- « ractères, il est évident que chacune devra ré- « pondre à plusieurs caractères, ou, ce qui revient « au même, que beaucoup de caractères ayant des « significations diverses, se prononceront exac- « tement de la même manière (4). » Ainsi, dix ca- ractères différents pourront rappeler le même mot, et un même mot correspondre à dix carac-

---

(1) Éléments de la Grammaire Chinoise, par M. Abel-Rémusat, page 4.

(2) *Ibidem*. La faible et vague analogie qui existe entre la blancheur de certaine verdure et celle du cyprès, est moins propre à aider l'esprit qu'à l'égarer, et à l'accoutumer à se contenter des notions les plus confuses.

(3) La plupart des auteurs qui ont écrit sur la langue chinoise, portent le nombre de ses caractères à quatre-vingt mille.

(4) Éléments de la Grammaire Chinoise, page 33.

tères différents. Dans le premier cas, voilà neuf caractères inutiles, et par conséquent jetant la plus grande confusion dans l'esprit ; dans le second, voilà un mot ayant dix sens divers. La prononciation *Pe* signifie à la fois *toile*, *cent*, *prince* et *cyprès* (1); certaines syllabes plus usitées que les autres servent de prononciation à trente ou à quarante caractères, et expriment par conséquent trente ou quarante idées différentes (2).

Les Chinois s'entendent cependant ! ils s'entendent en dépit de leur langue, par la nécessité de se deviner, la force attractive des idées, et surtout, à l'aide d'une foule de phrases usuelles toutes faites dont le sens est précis et officiel ; de sorte que la plupart d'entre eux ne parlent que la pensée d'autrui, et qu'ils donnent à ce qu'ils disent un sens autre que celui des mots dont ils se servent pour le dire (3). Il semblerait que, de même que le gouvernement a fait des Chinois des machines à cérémonies, de même leur langue a réduit leur intelligence à une

---

(1) Note de M. Abel-Rémusat sur la lettre de M. G. de Humboldt, page 121.

(2) Éléments de la Grammaire Chinoise, page 33.

(3) Lettre de M. G. de Humboldt à M. Abel-Rémusat, page 45.

sorte de mécanisme. L'illustre et savant auteur de la Grammaire Chinoise prétend que cette langue « peut s'apprendre tout comme une autre, « et ne demande pas de plus grands efforts d'atten- « tion et de mémoire (1). » Qu'il nous permette au moins de croire qu'aucun Européen, si, jeune, il n'a passé la plus grande partie de sa vie en Chine, quelle que soit son aptitude et son ap- plication, n'en saura jamais parler la langue, ou la comprendre dans la bouche de ceux qui la parleront, ni peut-être en lire couramment les livres, comme nous lisons Homère et Virgile en grec et en latin.

Les mots chinois n'ont que quatre *intona- tions* (2). Jugez quelle doit être leur pauvreté d'euphonie, si on la compare aux innombrables sons qui résultent de la combinaison de nos voyelles entre elles et avec les consonnes. Aux niaises et impertinentes questions dont se sont amusés nos pères : *Comment peut-on être Per- san? Un Allemand peut-il avoir de l'esprit?* joi- gnons-en une troisième qui leur ressemble pour la forme, mais que nous croyons pouvoir être

---

(1) Préface des Éléments de la Grammaire Chinoise, page 27.
(2) Éléments de la Grammaire Chinoise, page 25.

proposée tout de bon : *Un Chinois peut-il être
éloquent?* Il ne le peut même dans la pantomime,
son corps, autant que son esprit, étant esclave
du cérémonial.

Lorsqu'on examine avec quelque attention la
structure de la langue chinoise, on croit s'apercevoir que ce qu'il y a eu de plus difficile dans
le travail de ceux qui l'ont formée, a été de
vaincre le mutisme inhérent à l'écriture idéographique, et que leur plus grand embarras a été
de la faire parler.

Appuyons nos idées d'autorités irrécusables :
« Il n'en est pas moins vrai, pourtant, que cette
« écriture a dû influer considérablement et doit
« influer sur l'esprit, et par là également sur la
« langue des Chinois (1)..... On refuserait en
« vain à l'écriture chinoise une *très-grande in-
« fluence, même sur la langue parlée* (2)..... Or,
« c'est là ce que fait précisément la langue chi-
« noise, en diminuant par l'absence des affixes et
« des flexions le nombre des sons dans le dis-
« cours (3).

_____

(1) Lettre de M. G. de Humboldt à M. Abel-Rémusat, page 80.
(2) *Idem*, page 82.
(3) *Ibidem*.

4

« Il est probable même qu'au lieu d'acquérir
« des sons, la langue parlée en a plutôt perdu (1).....
« J. regarde l'invention des caractères *King-Ching*
« (figuratifs du son), comme une des causes qui
« ont maintenu le langage dans un état véritable
« de pauvreté (2). »

Il nous est donc permis de conclure : 1º QUE
L'ÉCRITURE IDÉOLOGIQUE SE RAPPORTANT PAR SON
ESSENCE AUX IDÉES ET NON AUX SONS, TEND CONTI-
NUELLEMENT VERS LE MUTISME. 2º QUE CE VICE IM-
POSE LA NÉCESSITÉ D'AJOUTER A LA LANGUE (3) UNE
AUTRE LANGUE. 3º QUE LES CARACTÈRES IDÉOLO-
GIQUES DE LA PREMIÈRE EXCÈDENT DE BEAUCOUP
LES CARACTÈRES PHONÉTIQUES DE LA SECONDE; ET
QUE L'ANALOGIE DE CES SIGNES ÉTANT SOUVENT
ROMPUE ET PRESQUE TOUJOURS IMPARFAITE, IL RÈGNE
ENTRE ELLES UN DIVORCE CONSTANT, DONT LES IN-
CONVÉNIENTS NE SONT PALLIÉS QUE PAR DES MOYENS
ACCESSOIRES ET INSUFFISANTS.

---

(1) Note de M. Abel-Rémusat sur la lettre de M. G. de Humboldt, page 120.

(2) *Idem*, page 121.

(3) A la rigueur on ne devrait point nommer langue, celle
qui ne peut être parlée. — « La langue qui parle à l'oreille, et
« qui seule est la véritable. » Dumarsais, Principes de Grammaire.

CHAPITRE XI.

Influence de l'écriture idéologique sur l'écriture naturelle, et sur la langue grammaticale.

Nous avons vu, au commencement de ce mémoire, que les langues ne parviennent à remplir parfaitement leur destination, qui est d'exprimer et de communiquer des images (1) et des affections, qu'au moyen des formes grammaticales. Nous avons reconnu que ces formes principales consistent en mots spéciaux correspondants à tous les objets physiques et intellectuels, et divisés, par la nature des choses, en substantifs, verbes et adjectifs ; en propositions indiquant les relations des choses entre elles ; dans l'arrangement logique des mots, la durée de la prononciation de leurs éléments, et leur construction périodique. Voyons en quoi l'écriture idéologique est nuisible ou favorable à la création de ces diverses

---

(1) *Des images* circonscrites dans le dessin ou dans le son, physiques ou intellectuelles ; ces dernières sont ce que nous nommons *idées*, mot qui, en grec, veut aussi dire images.

4.

formes d'oraison qui, réunies suivant leurs espèces et leurs fonctions, forment les catégories grammaticales. Dans ces parties de la grammaire, n'oublions pas de comprendre l'écriture elle-même, puisque celle-ci a donné son nom à l'autre (1), et que par là, et par l'influence que nous lui avons déjà reconnue sur les langues, elle en est, dans quelqu'une de ses variétés, partie indispensable. Si *la grammaire est l'art de parler*, elle n'est pas moins *l'art d'écrire*, en restreignant même le mot dans la signification non métaphorique; tout le matériel des mots, tout le mécanisme de leurs formes est de son ressort. Sachons donc, s'il est possible, ce en quoi l'écriture idéologique se rapproche ou s'éloigne de l'écriture naturelle, celle dont l'essence est de faire connaître aux yeux et à l'esprit des idées et des affections, en traçant *l'image des objets ou les éléments des sons vocaux.*

Il est nécessaire, pour bien nous faire comprendre, de nous élever à quelques considéra-

---

(1) Les lettres et l'alphabet n'ont leur existence complète que dans l'écriture; un peuple ne sachant point écrire, et qui n'apprendrait sa langue qu'en l'entendant parler, aurait bientôt perdu jusqu'à l'idée de l'alphabet, n'en ayant que faire.

tions que l'on nommera, si l'on veut, métaphysiques, mais qui n'en sont pas moins positives
et essentielles. La nature ne nous parle que par des
onomatopées oculaires ou auriculaires. Tout ce
qu'elle dit, elle l'écrit soit en des images tracées
sur la rétine et sur les feuillets du cerveau, où
elles sont lues par le principe intelligent; soit
dans notre oreille, au moyen de rayons sonores,
qui déterminent dans cet organe une impression
limitée, également inscrite dans le cerveau, et
perçue par le principe intelligent. Copie de cette
écriture, l'écriture naturelle est donc celle qui
fait l'onomatopée des objets et des sons, l'iconographique et la littérale.

La différence qui existe entre les effets de
l'action de l'ouïe et les effets de l'action de la
vue, nous donnera la différence qui existe entre
les effets de ces deux sortes d'écriture que nous
avons jusqu'ici considérées collectivement comme
la parole écrite, dont la nature se sert alterna-
tivement ou tout à la fois.

La vue agit par un toucher imperceptible;
nous voyons sans nous douter que nous sentons,
à moins qu'une lumière trop vive ne blesse nos
organes : le son meut tout l'intérieur de notre
organisation, il fait vibrer la moindre de nos
fibres, et son effet parvient à toutes les pro-

fondeurs de la sensibilité et de l'intelligence.
Entre les effets de l'un et de l'autre est la même
différence qu'entre ceux d'un clavecin oculaire
et d'un clavecin auriculaire (1).

L'organe de la vue est moins intime; et,
quoique travaillé avec un soin admirable, il
l'est encore avec moins d'art que l'oreille. Il est
dans la dépendance de la lumière, qui n'est pas
toujours à notre disposition. L'ouïe est dans la
dépendance de l'air, dans lequel nous sommes
continuellement plongés.

L'ouïe a pour moyen d'action l'air polarisé,
élaboré par notre organisation et par notre force
intelligente; la vue a pour moyen d'action un
rayon solaire mécaniquement réfléchi par l'œil;
il entre plus de nous-mêmes dans la parole que
dans la vue.

Le son a l'imagination pour faire voir; la vue
n'a aucun moyen de faire entendre.

Nous ne voyons que pour nous; nous parlons

---

(1) Dans ces vers :

Segnius irritant animos demissa per aurem,
Quam quæ sunt oculis subjecta fidelibus,

Horace compare l'image sonore à la réalité, et non à l'image de
la réalité, ce qui serait nécessaire pour infirmer notre assertion.

pour nous et pour autrui : il se fait, physiquement et exactement parlant, fusion, mélange intime d'organisation et d'intelligence entre celui qui parle et celui qui entend.

Cinq portes sont ouvertes à l'audition ; deux seulement à la vision : on entend par les oreilles, par la bouche (1), par le nez ; on ne voit que par les yeux.

La vue est presque totalement passive ; l'ouïe a lieu au moyen d'une triple action qui retentit dans toute l'organisation, et spécialement dans le système cérébral. Cette triple action est 1° celle du son sur l'oreille ; 2° celle de l'appareil spécial qui le produit ; 3° celle des organes voisins de cet appareil, à cette occasion sympathiquement mis en mouvement.

L'ouïe est donc plus affective que la vue : or nous retenons les objets avec une facilité proportionnée à la manière dont ils nous affectent.

---

(1) *Densum humeris bibit ore vulgus.* — HORACE.

Si vous fermez exactement les lèvres, et que vous poussiez l'air contenu dans votre bouche contre ses parois, vous entendez un grondement sourd dans les oreilles et dans le nez. Bien plus, un air qu'on a cessé de jouer se répète, et est entendu dans le cerveau.

L'ouïe ainsi étant plus mémorative que la vue, l'écriture qui rappelle le son doit le plus heureusement influer sur les langues, dont les mots ne sont que des signes mnémoniques, destinés à faire reconnaître par l'oreille et par l'intelligence les objets et les idées auxquels ils se rapportent.

L'écriture idéographique, sans cesser d'être ce qu'elle est, ne peut passer à l'état de langue phonétique ; au lieu que celle-ci en restant dans sa nature, est en même temps idéologique, puisqu'elle sert à rappeler des images, et que les mots qu'elle emploie, envisagés sous un de leurs rapports, ne sont eux-mêmes que des signes idéologiques.

Le geste, copie de l'écriture intuitive, type de l'écriture oculaire, n'a été donné à l'homme que pour exprimer un petit nombre de passions fortement caractérisées; l'organe vocal lui a été donné pour exprimer tout ce qui existe.

Toute forme de caractères mimiques et idéologiques se résout, en dernière analyse, en deux éléments, la ligne droite et la ligne courbe : or, avec cette pauvreté de moyens, il est à peine possible de former une cinquantaine de signes qui se distinguent les uns des autres au premier coup d'œil, et qui aient une figure parfaitement caractéristique; au lieu qu'en combinant les lettres de l'alphabet, vous pouvez composer un nombre indéfini de mots, tous faciles à distinguer les uns des autres, et dont chacun est d'abord reconnaissable dans la foule.

Les caractères mimiques et idéologiques étant composés de lignes droites ou courbes, tracées conventionnellement, et l'analogie figurative disparaissant dans un système de signes méthodiques, ou y devenant équivoque et fallacieuse, leur signification ne peut être qu'arbitraire (M). Les mots aussi ont leur forme, leur signification, et, de plus, leur prononciation. Leur forme faisant en tout ou en partie l'onomatopée de l'appareil vocal qui la produit et de l'objet qu'elle exprime, leur signification est analogique, est naturelle. Leur prononciation explicite ou tacite, à l'instant qu'elle s'effectue, crée, pour ainsi dire, les mots à nouveau, et les grave dans l'organisation et dans la mémoire. Tout le monde sait que prononcer tout bas ou à haute voix un discours, est un moyen de le retenir avec plus de facilité.

Comment les signes méthodiques qui ne sauraient figurer les objets visibles, feront-ils comprendre les choses abstraites et purement intellectuelles? Ils ne le pourront qu'à l'aide de

métaphores : mais les métaphores elles-mêmes
supposent la connaissance de la chose invisible
à laquelle elles font allusion, de sorte que pour
en avoir l'intelligence, il faudra recourir à un
moyen autre que les signes visuels, à la parole
alphabétiquement écrite. Cette parole est pleine
de nos affections; produit de notre activité ré-
flective qui s'y incorpore, elle est en partie cor-
porelle, en partie abstraite et métaphysique;
elle est métaphore et sens de la métaphore.

Les différences constitutives de l'ouïe et de la
vue, de leurs procédés et de leurs moyens, at-
testent l'incontestable supériorité de l'écriture
auriculaire sur l'écriture oculaire; le geste même,
si expressif dans les grandes passions, ne pouvant rivaliser avec les cris et les voix qui les
expriment. Le regard du lion terrifie, mais son
rugissement anéantit.

C'est de cette infériorité de l'instrument oculaire comparé à l'instrument auriculaire, lequel
comprend l'ouïe et la voix, que naît sans aucun
doute l'infériorité du sourd-muet: si ce n'était le
type sacré et ineffaçable de l'humanité, et la capa-
cité qu'il conserve de recevoir l'éducation intellectuelle et morale, il descendrait au-dessous de
l'animalité, bien qu'ayant le sens de la vue plus
parfait que celui du commun des hommes. De

là aussi l'infériorité du génie chinois tant qu'il n'adoptera pas l'écriture alphabétique. Il résulte peut-être encore de ce fait, que, pour nous, le monde intérieur renferme de plus nobles, de plus nombreuses, de plus éclatantes merveilles que le monde extérieur. Le sens de la vue semble n'être que le sens de l'individualité et de l'imagination, tandis que le sens de l'ouïe est celui de l'espèce et de l'intelligence : au premier appartient l'écriture idéologique ; au second, l'écriture alphabétique. A un très-petit nombre près d'idées symboliques et hiéroglyphiques, les vérités scientifiques s'entendent et ne se voient pas.

On dirait que la première des écritures ci-dessus mentionnées n'est qu'une initiation à la seconde. Nous voyons avant que de parler ; nous savons lire l'écriture oculaire avant de savoir lire l'écriture auriculaire ; nous pouvons tracer celle-là avant de savoir tracer cette dernière. Les Chinois ont commencé, il y a plus de quatre mille ans, par l'écriture iconographique ; leurs plus anciens caractères étaient des dessins grossiers d'objets matériels (1).

---

(1) Éléments de la Grammaire Chinoise, page 1.

Pourquoi ne s'en tinrent-ils point à cette écriture figurative des objets? elle est celle des peuples-enfants; ils en comprirent bientôt l'insuffisance. La nature, il est vrai, au moyen de la lumière et des couleurs, sait calquer avec une parfaite précision et avec une admirable vérité les formes des objets, leurs reliefs, leurs apparences, leurs effets et leurs moindres nuances; mais qu'est notre travail à côté de sa miraculeuse habileté? L'écriture figurative d'un peuple naissant est moins peinture que caricature; moins propre, lorsque ensuite il veut la généraliser, à circonscrire et à régler ses idées, qu'à les confondre et à les dénaturer. On voit, par les tâtonnements des Chinois, qu'ils s'aperçurent de cet inconvénient, et qu'ils ne tardèrent pas à modifier leurs caractères-images, en passant à une sorte d'écriture conventionnelle aussi simple que possible, et dont les traits bizarres avaient le nom et la forme des *têtards* (1), et qui, dit-on, remplaça les quipos ou cordelettes nouées. Cette écriture était trop pauvre pour pouvoir être conservée : il fallut la perfectionner et y ajouter de nouveaux traits et de nouvelles idées, ce qui pro-

---

(1) Éléments de la Grammaire Chinoise, page 5.

duisit les caractères chinois actuellement en usage, et dont un grand nombre est composé de quinze à trente linéaments, et quelques-uns de cinquante, ayant chacun la prétention d'exprimer quelque chose en particulier, en n'exprimant néanmoins tous que la même idée. Écrire en chinois est un travail qui demande beaucoup de soins et une grande contention d'esprit, tandis qu'avec nos lettres nous écrivons presque sans y songer.

De l'écriture idéologique simple ou composée, à l'écriture alphabétique qui lui est si supérieure, il n'y a, ce semble, qu'un pas à faire (N); et ce pas, les Chinois ne l'ont pas fait. Il est curieux de chercher ce qui a pu les en empêcher, et par quelle raison, infidèles à la marche ordinaire de l'esprit humain, qui tend à simplifier ses méthodes et les instruments de sa connaissance, jusqu'à ce qu'il les ait ramenés à leurs derniers éléments, ils n'ont point écrit et parlé par syllabes et par lettres, après avoir commencé par écrire et parler par caractères simples et composés.

Les arts, les sciences, les institutions humaines sont incontestablement soumises à un développement successif; mais ce développement n'a pas lieu d'une manière uniforme chez tous les

individus de la nation où il s'opère. La foule est
devancée par quelques hommes que favorise
leur situation ou la prééminence de leurs facultés.
A ces hommes appartient de servir de guides
dans la carrière, et d'en écarter les obstacles.
Mais il arrive trop souvent que, par intérêt, par
ignorance, par préjugé, ils la limitent et la clo-
sent, et qu'ils donnent comme fin ce qui n'était
que transition, et comme terme du voyage ce
qui n'était qu'une station. La religion naturelle,
par exemple, tend constamment à élever le
cœur humain vers la sublime perfection des doctrines chrétiennes; mais les prêtres des fausses
religions font tous leurs efforts pour la retenir
captive dans les formes étroites et matérielles
qu'ils lui ont données. Les castes sont un moyen
d'agglomérer des individus divisés d'intérêts et
de coutumes, et de les préparer au droit commun et à l'égalité de la loi : les Brahmes se sont
servis des castes pour y prendre comme dans
un piége la nation indienne, empêcher son développement ultérieur et en étouffer la sponta-
néité.

L'écriture figurative conduit à l'écriture idéologique, et celle-ci aux éléments et à l'usage de
l'écriture syllabique et littérale. Les premiers
instituteurs chinois, ne se doutant vraisembla-

blement pas de l'influence de l'écriture sur la parole, et de celle de la parole sur la pensée, ont renfermé la langue dans les caractères qu'ils ont inventés et dans lesquels ils se sont complu, et ont rendu stationnaire l'intelligence de leurs compatriotes. Vingt procédés imparfaits de leur langue annoncent un idiome surpris et arrêté dans sa croissance par une sorte de rachitisme. « L'absence des formes grammaticales rappelle le « parler des enfants, qui placent ordinairement « les paroles sans les lier suffisamment entre « elles (1)..... La différence qui les sépare des Chi- « nois ne prouverait rien contre l'opinion qui « ferait de la grammaire chinoise, pour ainsi « dire, la grammaire primitive du genre hu- « main (2)..... Écriture (la chinoise) qui a des « rapports beaucoup plus étroits qu'on ne « pense avec le langage mimique des sourds- « muets (3)..... Il n'est pas besoin de dire com-

---

(1) Lettre de M. G. de Humboldt à M. Abel-Rémusat, page 70.

(2) *Idem*, page 78.

(3) *De l'Éducation des sourds-muets*, par M. le baron de Gerando, page 52. Dans ce bel ouvrage sont presque mis entièrement à nu tous les mouvements de l'intelligence humaine produisant le langage et opérant par son moyen.

« bien ce langage est nécessairement impar-
« fait (1). »

Après avoir montré comment l'écriture idéologique dénature l'écriture naturelle oculaire, et
comment elle fait divorce avec l'écriture naturelle phonétique, nous allons montrer comment
et en quoi elle influe sur la LANGUE GRAMMA-
TICALE.

Nomenclature.

Le dictionnaire qui est en même temps l'alphabet de la langue chinoise, est, suivant
M. Abel-Rémusat, composé de trente à quarante mille mots, dont beaucoup sont synonymes,
et dont les deux tiers sont à peine usités. Ce
nombre n'égale point celui des noms de plantes
contenus dans un dictionnaire botanique. Pour
avoir le même nombre de termes qu'embrasse
la lexicographie européenne, les Chinois auraient
besoin d'inventer au-delà de deux cent mille
caractères, ou de donner à ceux qui existent,
au moyen de certaines modifications, autant de
significations spéciales : travail non moins diffi-

---

(1) *De l'Éducation des sourds-muets*, page 52.

cile, et non moins inutile que le premier. L'é-
criture idéologique est nécessairement placée
entre deux inconvénients majeurs. Veut-elle
exprimer les divers objets et leurs rapports? il
lui faut une infinité de signes, dans le vague desquels elle se perd. Se restreint-elle à désigner
ce que l'intelligence peut embrasser et retenir
sans peine? la pénurie des termes l'empêche de
suivre l'essor de la pensée et de lui donner tous
ses développements. Nous avons dit plus haut
la raison pour laquelle les signes phonétiques
sont, pour ainsi dire, plus mnémoniques, et
comment la mémoire peut en retenir, sans confusion, un beaucoup plus grand nombre qu'elle
ne peut le faire pour les caractères idéologiques.

Classification des mots.

« Les mots chinois pris séparément sont tous
« invariables dans leurs formes; ils n'admettent
« aucune inflexion ni dans la prononciation ni
« dans l'écriture (1). » Voilà donc des mots sans
forme, sans physionomie et sans individualité,
qu'il faut caractériser toutes les fois qu'on les

---

(1) Éléments de la Grammaire Chinoise, page 36.

emploie, et qui ne peuvent former des classes et entrer dans des catégories grammaticales, puisqu'ils n'ont aucun signalement qui les distingue les uns des autres, et qui puisse servir à les réunir à leurs pareils.

Flexion des mots, Déclinaisons, Conjugaisons.

« Les rapports des noms, les modifications « des temps et des personnes des verbes, les re- « lations des temps et des lieux, la nature des « propositions positives, optatives, condition- « nelles, ou bien se déduisent de la position des « mots, ou se marquent par des mots séparés, « qui s'écrivent avec des caractères distincts, « avant ou après le thème des noms et des « verbes (1). » Toutes ces importantes opérations que l'écrivain chinois n'exécute qu'à fur et à mesure du besoin, et avec le secours de quelques particules spéciales, l'écrivain classique les trouve préparées d'avance dans les déclinaisons et les conjugaisons. Un homme de bonne volonté et d'une mémoire ordinaire peut en moins de quinze jours en connaître les types divers, sur

---

(1) Éléments de la Grammaire Chinoise, page 36.

lesquels il saura décliner tous les noms et con-
juguer tous les verbes de la langue. Cent caractères spéciaux ne suffiraient pas pour correspondre au nombre de flexions de nos noms et
de nos verbes. Le lettré s'en passe et s'en rapporte pour l'intelligence du discours à la nécessité du sens, à l'ensemble du contexte, ne
suppléant ainsi qu'imparfaitement à ce qu'expli-
queraient toutes seules les formes grammaticales.

Or, il est de la nature de l'écriture et de la
langue chinoise de rendre impossibles les flexions,
lesquelles ne sauraient avoir lieu que dans l'é-
criture et la prononciation *littérales;* des flexions
ne pouvant être indiquées par des mots entiers
et tout d'une pièce, mais seulement par des modifications dans ces mots, au moyen des éléments des sons vocaux, ou lettres. On pourrait
définir flexion : *lettre* ou *syllabe* changée ou
ajoutée à la fin d'un mot.

Étymologie.

De même que les langues classiques avec le
secours des flexions, indices des rapports les
plus nécessaires des noms et des verbes, facili-
tent les opérations de la pensée, et en précisent

5.

les mouvements, de même, avec le secours de
leurs racines, elles produisent de nombreuses
familles d'idées et de mots, feuillage et rameaux
du même arbre où tout est vivant et animé du
même principe et de la même sève. Il n'en est
point ainsi pour les langues idéologiques, qui
n'ont point de véritable étymologie, leurs radicaux étant factices et conventionnels (1), et les
branches qui y sont attachées étant postiches et
improductives. Le propre de l'étymologie est
de ramener aux onomatopées primitives d'image
et de son, dont nous avons vu que sont dénuées
les langues idéologiques. L'onomatopée d'image
n'a d'ailleurs sa racine que dans l'objet, tandis
que l'onomatopée de son a sa racine dans l'objet et dans nos affections. L'étymologie n'est
qu'une application de l'analogie à une famille de
mots. Voici ce qu'en dit M. le baron de Gérando
pour ce qui concerne l'analogie conservée dans
l'idiome idéologique des sourds-muets : « Les
« signes de réduction, s'ils sont donc encore des
« signes d'analogie, ne reposent cependant que
« sur une analogie plus ou moins faible, incer-

---

(1) Éléments de la Grammaire Chinoise, page 9, n° 37, et
page 10, n° 30.

« taine; ils entrent en même temps dans la classe
« des signes conventionnels; ils prennent gra-
« duellement ce caractère (1). » Les termes phonétiques, presque sans exception, expriment
quelque qualité essentielle de l'objet analogue à
nos facultés, à notre perception, et excitant nos
affections.

Syntaxe.

Le défaut de flexion, vice inhérent à l'écriture chinoise, nuit à l'arrangement des mots,
et rend difficile la clarté unie à la variété des
tournures. Sans la flexion des mots latins, y au-
rait-il rien d'aussi baroque que le vers suivant
de Virgile, cité par Fénélon :

Aret ager, vitio, moriens, sitit, acris, herba ?

Est aride le champ, par le vice, mourant, a
soif, de l'air, herbe.

Avertie par les flexions des mots latins qui
composent ce vers, l'intelligence les suit dans la
foule, les reconnaît à leur signalement, leur as-
signe les fonctions dont ils ont été chargés, et
les remet à la place que leur marque la logique,

---

(1) De l'Éducation des sourds-muets de naissance, page 560.

laquelle n'est que la loi des analogies indiquées par les flexions.

Prosodie, Période.

Les caractères chinois n'étant frappés ni de longues ni de brèves, la langue ne peut avoir de prosodie ; et la proposition y subordonnant tout à l'idée et n'accordant rien à l'euphonie, ne peut s'harmonier avec d'autres propositions, formant un tissu périodique. Les phrases semblent y avancer processionnellement. C'est à-peu-près ainsi que dans certains passages des livres bibliques, qui portent une si naïve empreinte de l'enfance du langage, se suivent des séries de propositions presque semblables, unies par la conjonction *et* répétée avant chacune d'elles.

Versification, Numération.

Tout ce qui est matériel, technique, et *littéral* dans une langue, appartenant de droit, ainsi que nous l'avons dit, à la grammaire, la versification et la numération considérées dans leurs formes et leurs éléments sensibles et positifs, doivent en faire partie. L'une et l'autre, dans la langue chinoise, nous semblent affectées des in-

convénients que nous avons vus résulter des caractères idéologiques. Pour nous la poésie n'est
qu'harmonie imitative d'images et d'affections.
Il s'agit d'autre chose en Chine : « Le style des
« morceaux de poésie est, en général, fort élevé,
« concis, elliptique, rempli d'expressions allégo-
« riques et d'allusions à des traits d'histoire, ou
« à des usages, à des opinions, à des faits peu
« connus. C'est ce qui rend la poésie chinoise
« très-difficile. On ne saurait en donner une idée
« dans un ouvrage élémentaire (1). » Ajoutez à
ces difficultés celle de la rime placée non seulement à la fin des vers, mais encore introduite
dans leur intérieur, et les frappant à coups re-
doublés comme avec un marteau de plomb.

Quant à la numération, elle n'est pas moins
embarrassée et moins incomplète; le nombre le
plus élevé est de dix mille, et par extraordinaire
d'un million (2); il y a des caractères numé-

---

(1) Éléments de la Grammaire Chinoise, page 172 et 173.
Tout, dans les vers nombreux du joli et curieux roman *les
Deux Cousines*, est décousu, incohérent, et forme un tissu de
rébus et d'idées vulgaires, ou tellement quintessenciées qu'elles
surpassent en extravagance les phrases les plus extraordinaires
des *Précieuses ridicules*.

(2) Éléments de la Grammaire Chinoise, page 45.

riques pour les livres; il en est d'autres pour l'usage ordinaire (1). On joint aux noms de nombre une particule « qui n'ajoute rien au sens « quoiqu'elle varie suivant la nature des objets « nombrés (2). »

D'après tout ce qui précède, dirons-nous avec M. G. de Humboldt, que la langue des Chinois n'a point de grammaire ? Soutiendrons-nous avec M. Abel-Rémusat qu'elle en a une suffisante pour tous les besoins de l'esprit? Nous concilierons ces deux opinions en disant que la langue chinoise a une grammaire (la syntaxe notamment), mais informe, incomplète, incapable de seconder la pensée dans tous ses mouvements, et la plupart du temps sous-entendue (3). Cette conclusion prise, nous avons à examiner en quoi l'écriture chinoise a influé sur la langue pensée.

---

(1) Éléments de la Grammaire Chinoise, page 40.
(2) *Ibidem*, page 50.
(3) Lettre de M. G. de Humboldt à M. Abel-Rémusat, page 90.

CHAPITRE XII.

Influence de l'écriture idéologique sur la langue pensée.

LA simple proposition se posant sans peine dans l'absence des formes grammaticales, dont les principales manquent au chinois, cette langue a dû se complaire dans cette partie essentielle du discours, et y ramener et subordonner tous les autres procédés. C'est aussi ce qu'elle a fait. Or, la proposition étant la vie, la base et l'ame du langage, on peut dire, qu'en dédaignant les autres auxiliaires de la pensée, elle n'a fait que sacrifier l'accessoire au principal. « Cette langue « étonne par le phénomène singulier qui con- « siste en ce que, simplement en renonçant à « un avantage commun à toutes les autres, par « cette privation seule, elle en acquiert un qui « ne se retrouve dans aucune..... Elle fait ressor- « tir les idées, et son art consiste à les ranger « immédiatement l'une à côté de l'autre, de ma- « nière que leurs conformités et leurs oppositions « ne sont pas seulement senties et aperçues,

« comme dans toutes les langues, mais qu'elles
« frappent l'esprit avec une force nouvelle et le
« forcent à poursuivre et à se rendre présents
« leurs rapports mutuels (1). » Telles sont les paroles de M. G. de Humboldt. Un autre savant
qui ne fait pas moins autorité dans ces sortes
de matières, pose en ces termes les conditions
au moyen desquelles une langue rend le plus
de services à la pensée : « *Éveiller dans l'esprit*
« *de celui qui écoute ou qui lit* L'IDÉE COMPLÈTE,
« TELLE QU'ELLE A ÉTÉ CONÇUE PAR CELUI QUI
« PARLE OU QUI ÉCRIT, AVEC TOUT CE QUE L'UN ET
« L'AUTRE ONT BESOIN DE CONNAITRE DES CIRCON-
« STANCES DU TEMPS, DE LIEU ET DE PERSONNES :
« *que le problème réduit à ces termes trouve sa*
« *solution dans le système chinois,* c'est, je crois,
« *ce qui ne saurait être mis en doute* (2). »

Apprécions à leur juste valeur les avantages
attribués à la langue chinoise, et discutons les
trois propositions suivantes, résumé des opinions
que nous venons d'exposer.

1° L'avantage de la langue chinoise consiste

---

(1) Lettre de M. G. de Humboldt à M. Abel-Rémusat, page 57.
(2) Note de M. Abel-Rémusat sur la lettre de M. G. de
Humboldt, page 112.

à faire ressortir les idées, non seulement en mettant dans un jour spécial la proposition, mais encore en isolant, pour ainsi dire, les termes de celle-ci, et en appelant sur chacun d'eux la réflexion (1).

2° Cet avantage consiste à ranger immédiatement, les unes à côté des autres, les propositions, de manière à faire ressortir leurs ressemblances et leurs différences.

3° Il consiste enfin à éveiller dans l'esprit de celui qui écoute ou qui lit, l'idée COMPLÈTE, telle qu'elle a été conçue par celui qui parle ou qui écrit, indépendamment de la présence des exposants grammaticaux.

Discutons la première de ces propositions : les Chinois en réduisant presque exclusivement leur idiome à la simple proposition, n'ont fait que la ramener à l'enfance du langage, qui ne s'est élevé que par un travail successif à ses formes multipliées. Nous pensons même, ce à quoi nous sommes autorisé par le parler des enfants, par celui des peuples grossiers et des noirs qui parlent notre langue, et par un bon nombre de phrases chinoises, nous pensons

_____

(1) Lettre de M. G. de Humboldt à M. Abel-Rémusat, page 21

que dès le principe, la simple proposition ne
fut pas explicite, et que quelquefois elle fut re-
présentée par un seul mot : « On doit juger que
« les premiers mots dont les hommes firent
« usage eurent dans leur esprit une signification
« beaucoup plus étendue que n'ont ceux qu'on
« emploie dans les langues déja formées, et
« qu'ignorant la division du discours et ses par-
« ties constitutives, ils donnèrent d'abord à chaque
« mot le sens d'une proposition entière. Quand
« ils commencèrent à distinguer le sujet d'avec
« l'attribut, et le verbe d'avec le nom, ce qui
« ne fut pas un médiocre effort de génie, les
« substantifs ne furent d'abord qu'autant de
« noms propres, le présent de l'infinitif fut le
« seul temps des verbes (1). » En chinois il semble
qu'une pauvreté native force à donner à chaque
espèce de mots la faculté de s'étendre au-delà de
sa propre nature. « Un terme chinois est toujours
« susceptible du sens substantif, déterminatif
« (adjectif) et verbal, et peut même quelquefois
« devenir un simple exposant de rapports (2). »

---

(1) Discours *de l'origine de l'inégalité parmi les hommes.*
(2) Note de M. Abel-Rémusat sur la lettre de M. G. de Humboldt, page 97.

Écoutons maintenant M. G. de Humboldt. « Tous
« les mots chinois, quoique enchaînés dans une
« phrase, sont *in statu absoluto*, et ressemblent
« par là aux radicaux de la langue samskrite (1).
« La langue chinoise, en conséquence avec son
« principe, présente un triple isolement, celui
« des idées, des mots et des caractères (2). L'ab-
« sence des formes grammaticales rappelle le
« parler des enfants, qui placent ordinairement
« les paroles sans les lier suffisamment entre
« elles. On suppose une enfance aux nations
« comme aux individus, et rien ne serait d'a-
« bord plus naturel que de dire que la langue
« chinoise s'est arrêtée à ce point de développe-
« ment général des langues. Il y a certainement
« un fond de vérité dans cette assertion (3).....
« La différence qui les sépare du chinois, ne
« prouvant rien contre l'opinion qui ferait de
« la grammaire chinoise, pour ainsi dire, la
« grammaire primitive du genre humain (4).....
« La manière dont pensent et parlent les peuples

---

(1) Lettre de M. G. de Humboldt, page 70.
(2) *Ibidem*, page 80.
(3) *Ibidem*, page 80.
(4) *Ibidem*, page 77.

« enfants et les Chinois est la même que celle du
« sourd-muet. Toutes les idées sont détachées
« les unes des autres; toutes conservent une spé-
« cialité déterminée (1). On reconnaît l'éloigne-
« ment ou l'indifférence que les sourds-muets
« ont en général pour l'emploi des articles, des
« conjonctions, de tous les termes auxiliaires
« qu'on désigne sous le nom de particules (2).
« Le langage mimique du sourd-muet est peu
« analytique : la pensée n'y est pas décomposée
« en ses éléments; les propositions sont repré-
« sentées par un seul terme (3)..... Cette syntaxe
« sera fort elliptique : car le sourd-muet, peu
« exercé aux communications du langage, sup-
« pose que ce qui lui suffit à lui-même pour rap-
« peler tout l'ensemble d'un tableau, suffit pour
« le représenter aux autres (4). »

A ceux qui attribueraient un mérite tout particulier à cette manière de penser et de parler,
à la concentration spéciale du langage dans la

---

(1) De l'Éducation des sourds-muets, par M. de Gérando,
tom. Ier, page 85.

(2) *Ibidem*, tom. Ier, page 37.

(3) *Ibidem*, tom. II, page 461.

(4) *Ibidem*, page 462.

proposition, nous ferons observer quel prodi-
gieux avantage ont même à cet égard sur les
langues idéologiques les langues alphabétiques,
celles-ci étant abondamment pourvues de verbes
adjectifs qui sont autant de propositions (1), tandis que les autres en sont par leur constitution
même totalement dépourvues.

Passons à la seconde proposition qui roule
sur l'art avec lequel le chinois assemble et fait
ressortir les propositions. « Le style très-marqué
« qui, dans les ouvrages chinois, doit être attri-
« bué à la langue elle-même, vient, à ce qu'il
« me semble, du contact immédiat des idées, du
« rapport tout-à-fait nouveau qui naît entre l'i-
« dée et l'expression par l'absence presque to-
« tale des signes grammaticaux, et de l'art, faci-
« lité par la phraséologie chinoise, de ranger les
« mots de manière à faire ressortir de la con-
« struction même les relations réciproques des
« idées (2). » Un style tout en oppositions serait
déplacé même dans un livre de maximes : il tient

---

(1) « Autant il y a de verbes fléchis, autant il y a de pré-
« positions. » Lettre de M. de Humboldt à M. Abel-Rémusat,
page 16.

(2) Lettre de M. G. de Humboldt à M. Abel-Rémusat, page 60.

l'esprit dans un état continuel de contention, il éblouit plutôt qu'il n'éclaire, il rend les masses et point les nuances; il est mosaïque plutôt que peinture. Les langues alphabétiques, d'ailleurs, affectent, lorsqu'elles le veulent, cette forme sentencieuse, autant qu'elle peut convenir aux tableaux qu'il plaît à l'écrivain de tracer.

En réduisant ce mérite de la langue chinoise à sa juste mesure, nous avons trouvé qu'il tient à un vice essentiel de la grammaire. «Ce n'est « qu'en se bornant à des phrases toutes simples « et courtes, en s'arrêtant à tout moment comme « pour prendre haleine, en n'avançant jamais « un mot duquel d'autres très-éloignés puissent « dépendre, qu'on peut se passer à ce point des « formes grammaticales (1). » M. Abel-Rémusat, il est vrai, pour infirmer cette accusation, cite deux phrases d'une préface des quatre Livres moraux, lesquelles renferment dix proposi- tions (2). Mais si vous les considérez bien attenti- vement et sans prévention, vous serez convaincu qu'il y a dans leur arrangement *juxta-position* plutôt que mélange et fusion intime; symétrie

_____

(1) Lettre de M. G. de Humboldt à M. Abel-Rémusat, page 68.
(2) Notes sur la lettre de M. G. de Humboldt, page 113.

et mécanisme, plutôt qu'harmonie, rhythme et organisation de la période.

En dépit de ces griefs contre la langue idéologique, nous ne balancerions pas à la faire marcher de pair avec les langues les plus parfaites, si, comme il est avancé dans la troisième proposition, elle éveillait L'IDÉE COMPLÈTE de ce qui se passe en nous et hors de nous, ce qu'elle est bien éloignée de faire, comme il résultera, au moins nous le croyons, de l'examen auquel nous allons nous livrer. Auparavant, n'oublions pas de dire que l'idée qui peut être complète pour un Chinois, est très-incomplète pour un Européen servi par une langue phonographique.

Et, d'abord, il est visible que la langue chinoise *n'éveille pas dans l'esprit de celui qui écoute ou qui lit* L'IDÉE COMPLÈTE *telle qu'elle a été conçue par celui qui parle ou qui écrit*, puisque : « Certaines syllabes plus usitées que « les autres servent de prononciation à trente « ou quarante caractères, et expriment, par con- « séquent, jusqu'à trente ou quarante idées dif- « férentes (1). » Il s'ensuit que celui qui ne sait pas lire, et qui entend une de ces syllabes, ne

_____

(1) Éléments de la Grammaire Chinoise, page 33.

6

peut avoir ni l'IDÉE COMPLÈTE, ni une idée quelconque de la signification des trente ou quarante caractères qu'il ne connaît pas et que représente à-la-fois cette seule syllabe.

Déterminons ce qu'il faut rigoureusement entendre par IDÉE COMPLÈTE, idée satisfaisant à
toutes les conditions voulues par les facultés
humaines; nous verrons peut-être que l'écriture
chinoise est un obstacle invincible à sa formation.

Il n'y a, à proprement parler, que deux sortes
d'idées naturelles, l'une qui présente l'image des
objets réels, et qui est tracée par l'écriture figurative, mais que ne représente point, ainsi
que nous l'avons dit, l'écriture idéologique;
l'autre est celle qui se compose de perceptions
dont la cause n'étant pas visible, ne peut devenir image, et est limitée dans un son qui en
fait plus ou moins directement l'onomatopée.

Il est une troisième sorte d'idées factices et de
convention qui n'expriment point immédiatement des images ou des affections, et que les
philosophes chinois ont habilement élaborées
et encadrées dans des caractères construits avec
beaucoup d'art, mais qui représentent plutôt les
combinaisons de leur propre génie que celles de
la nature; travail de l'homme autour duquel

l'esprit tourne de tous côtés, et qu'il peut étreindre de toutes parts, tandis qu'il y a de l'infini, dans chaque idée naturelle donnée par l'onomatopée de l'image et du son, liés, par leurs analogies, à tout ce qui existe. Là est, si nous ne nous trompons, la cause de l'éternelle infériorité à laquelle est condamné le peuple chinois, si toutefois, un jour, il ne secoue le joug de son idiome, et s'il n'est amené par la force des choses à la langue alphabétique (O).

Avant de voir, dans le chapitre suivant, pourquoi on pense plus facilement et mieux avec le secours des lettres composant des mots, disons qu'une des principales conditions du COMPLÉMENT DE L'IDÉE est le son, duquel est si pauvre la langue chinoise. Il est la vie et l'étoffe des langues classiques; il s'incorpore à leur écriture (car on entend en lisant), il apporte avec lui les qualités et la vérité des choses, et, travaillé dans l'intérieur de notre être, il passe avec toutes ses vertus dans la constitution intime, organique et morale de nos semblables.

Il vole avec le vent : *Par levibus ventis.*

Il mugit avec la tempête : *Luctantes ventos tempestatesque sonoras.*

Il galope avec le coursier : *Quadrupedante putrem sonitu quatit ungula campum.*

6.

Il glisse sur la surface des ondes : *Et summas levibus rotis perlabitur undas.*

Il tombe de tout son poids avec le bœuf frappé du coup mortel : *Procumbit humi bos.*

Il peine, il travaille avec le laboureur qui déchire le sein d'une terre aride : *Ergo ægre rastris terram rimantur.*

Il s'étend et se replie comme le serpent : *Sa croupe se recourbe en replis tortueux.*

Il est vaste, majestueux, immense comme la mer : *Ast illœ immensum pontum adspectabant flentes.*

Il se rapetisse et se réduit presqu'à rien : *Sæpè exiguus mus sub terris posuitque domos.*

Il peint jusqu'à la douce lumière des Champs-Élysées : *Largior hìc campos æther et lumine vestit purpureo.*

Qu'il est triste dans les deux vers qui suivent!
Te, dulcis conjux, te solo in littore secum,
Te veniente die, te decedente canebat.

Ne semble-t-il pas expirer avec la fin de celui-ci? *Et dulces moriens reminiscitur Argos.*

Le son, qui prend ses éléments dans une atmosphère imprégnée d'électricité; qui s'élabore et se féconde dans la partie la plus intime de notre organisation, façonné en parole par l'énergie de notre principe intelligent, portion

animée de notre être, prend nos passions, la
colère, la vengeance, la haine, l'amour, la joie,
la tristesse : il n'est rien qu'il ne dise; il n'est
rien qu'il ne fasse sentir en le disant : et c'est
de ses miraculeuses ressources que l'écriture
idéologique prive en partie la langue chinoise.

CHAPITRE XIII.

*Influence de l'écriture alphabétique sur la langue
parlée, sur la langue grammaticale, et sur la
langue pensée.*

Nous avons vu que la langue qui remplit le
plus complètement sa destination, EST CELLE QUI
EXPRIME LE MIEUX CE QUI SE PASSE EN NOUS ET
HORS DE NOUS, et qu'elle n'y parvient que par la
lexicographie, les catégories et formes grammaticales, la syntaxe, la prosodie et les constructions périodiques; nous avons vu que l'é-
criture idéologique est obstacle plutôt que moyen
à la formation de ces parties constitutives du
discours. Ce qui est dénié à cette écriture, l'al-

phabétique le possède à un degré éminent. .
Celle-ci, fille légitime du langage, n'est, pour
ainsi dire, que la visibilité et la permanence de
la parole décomposée dans ses derniers éléments.

De même que les caractères chinois tendent à
envahir et à usurper la prononciation, de même
l'écriture littérale tend à s'effacer et à s'incorpo-
rer au son. En lisant tout haut ou de l'œil un
livre classique, on oublie le matériel des lettres
et des mots, et l'on n'est occupé que de l'idée,
en entendant et pressentant néanmoins en même
temps l'harmonie de la période.

Les caractères chinois, ainsi que nous l'avons
vu, ne représentant pas immédiatement les objets, et n'excitant point des affections, ne vont
pas à la fin du langage, qui est d'exprimer ce
qui se passe HORS DE NOUS ET EN NOUS; les caractères alphabétiques, au contraire, pris en eux-
mêmes, et au moyen de leur composition, produisent des idées naturelles et excitent toute
sorte d'affections. Essayons de dire comment ces
petits pieds de mouche, ainsi que les appelle
Volney, donnent naissance à de tels résultats.

Tous les sens sont unis entre eux par des
liens secrets. Que celui qui douterait de la sym-

pathie qui existe entre la vue et la voix songe
que chaque phénomène remarquable qui est offert à la première, provoque une exclamation
de la seconde; que tout objet vu pour la première fois excite à le nommer; que pour mieux
entendre une personne qui parle on tient les
yeux attachés sur elle : *pendet narrantis ab ore.*
Pourquoi la lumière n'aurait-elle point d'effet
sur l'organe vocal, elle qui agit sur l'organe olfactif en y déterminant, comme chacun sait, un
éternument prolongé ; et sur le goût, en l'in-
struisant, avant toute expérience, des qualités sa-
lutaires ou vénéneuses des plantes et des fruits?
La vue d'un objet beau ou monstrueux déter-
mine des interjections dont la prononciation est
entièrement opposée.

La lumière, en apportant à notre œil la figure
des objets, lui en transmet aussi les qualités,
que pressent l'organe vocal, en vertu de sa sympathie avec le sens de la vue (P). Celle-ci est diversement affectée, suivant la diversité des
formes et des surfaces qui la sollicitent. D'elle,
la voix apprend si un corps est lisse ou raboteux, âpre ou velouté, compacte ou poreux,
léger ou pesant, stationnaire ou mobile; et, forcée d'exprimer ce qu'elle éprouve, elle en rend

les véritables images auriculaires (1), qui, dé-
pouillées dans l'intelligence de ce qu'elles ont
de matériel, s'y réalisent en idées naturelles.

Si la lumière apporte les qualités des objets
visibles, d'un autre côté ceux qui sont sonores
ou doués de voix, forcent notre organe vocal
à faire leur onomatopée, et nous donnent des
mots significatifs tout faits.

Non moins grand est le phénomène par lequel, à l'aide d'un peu d'air aspiré du dehors (2),
et qui durant son séjour dans notre organisation s'y est imprégné de nos affections, nous
manifestons, en l'expirant, ce qui se passe en
nous. Point de cri, de voix, de parole, qui ne
soient la manifestation d'une idée ou d'un sentiment. Le rayon sonore organisé par notre instrument vocal et devenu, pour ainsi dire, sensible
et intelligent, va remuer nos semblables, porter nos idées et nos affections dans une multi-
tude assemblée, et apaiser ou mettre en rumeur
toute une cité.

---

(1) Plus haut nous avons reconnu qu'il y a des images
tactiles.

(2) La nature nous fournit jusqu'aux éléments de nos idées
et de nos sensations, ainsi que les matériaux nécessaires pour
les manifester.

L'écriture littérale étant l'instrument le plus analytique, le plus propre à façonner le son, ce protée qui se transforme en toutes nos idées et nos affections, on est forcé de conclure que CETTE ÉCRITURE A UNE GRANDE INFLUENCE SUR LE LANGAGE, ET QU'ELLE CONTRIBUE LE PLUS A SON COMPLÉMENT ET A SA PERFECTION.

La plus grande perfection, si nous ne nous trompons, qu'on puisse concevoir dans un instrument, est la faculté qu'il aurait de décomposer, dans ses derniers éléments, le sujet de son action, et de le recomposer sans faute de toutes pièces, et dans toutes ses dimensions possibles. Or, il n'est point de son si simple ou si multiple, qu'avec les vingt-cinq lettres, ne produise notre alphabet. Qu'on compare le nombre immense de prononciations auxquelles elles donnent naissance, par la variété de leurs combinaisons, aux douze cents malheureux caractères phonétiques de la langue chinoise, et l'on sera étonné du parti que les lettrés ont su tirer de moyens aussi rebelles. Mais tous leurs efforts n'ont pu vaincre la nécessité de leur idiome. Dans tous leurs ouvrages on sent quelque chose de gêné, de sec, de maigre, d'étranglé et de mesquin; peut-être par la raison des contraires, le trop grand nombre de lettres de l'alphabet du sams-

krit, nombre double de celui des langues classiques, est-il cause de ce qu'on sent de vague, de
désordonné, d'exubérant et de gigantesque dans
les livres de cette langue qui met en vers jusqu'à ses dictionnaires. Trop d'abondance produit les inconvénients opposés à ceux qui nais-
sent de la pauvreté. Je ne vois point, pour moi,
à quoi peut servir aux Japonais leur triple alphabet.

De ce pouvoir de diviser et de composer, résulte la facilité de créer tous les mots dont on
peut avoir besoin, de les porter depuis la simple
voyelle et le monosyllabe, jusqu'à la mesure où
leur longueur deviendrait un obstacle à la prononciation, et de former ainsi, avec un plein suc-
cès, *le premier livre d'une nation, le dictionnaire de sa langue* (1).

Dans ce même pouvoir est le moyen de donner aux mots des racines *étymologiques*. Ceux
qui ont leur développement initial dans les
voyelles, correspondent spécialement aux sensations; ceux qui ont leur origine dans les articulations de la consonne et de la voyelle, supposent un travail de l'intelligence et correspondent

_____

(1) Volney. *Alphabet Européen.*

aux idées. Les lettres vocales, gutturales, labiales, dentales, linguales, palatales, nasales, font l'onomatopée des qualités de l'organe qui les produit; et les nombreuses dérivations de ces énonciations primitives sont pressenties par l'instinct et devinées par l'oreille, lors même qu'elles ne peuvent être rigoureusement analysées. On oserait assurer qu'il n'existe aucun mot dans les langues classiques, qui ne conserve quelque trace d'onomatopée naturelle, ne fût-ce que dans les simples lettres qui toutes sont expressives (Q). Nous en excepterons néanmoins les exposants des rapports grammaticaux, lesquels ne peuvent être affectifs ni correspondants à rien de sensible, ce dont, au reste, ils semblent avertir par leur brièveté qui les rend presque imperceptibles et les a fait nommer particules. Elles ont même été significatives, toutes les fois qu'il a été possible. N'entrevoit-on pas que *in* aiguise le son comme pour l'introduire dans l'oreille; que *ex* le sépare totalement de l'appareil qui le produit; et que *cum* le presse et le serre entre les lèvres?

Dans le pouvoir de composition et de décomposition de l'alphabet littéral, est, en outre, le moyen de varier l'intérieur et la désinence des mots, de sorte que, sans en augmenter le nombre,

on exprime une foule de rapports importants
correspondants aux modifications qu'on leur a
fait subir, d'où les signes les plus caractéristiques
d'une langue avancée, *les déclinaisons et les conjugaisons.* Ainsi reconnaissables à leurs physio-
nomies et à leurs signalements variés, les mots
ne sont point comme attachés à la glèbe, es-
claves d'un ordre mécanique et invariable; libres,
sous la règle, l'œil et l'oreille leur rendent sans
peine la place logique qui a été heureusement
sacrifiée à l'harmonie et à la variété.

Comptons aussi parmi les avantages que pro-
curent la mobilité et l'assemblage des éléments
des mots, la facilité qu'ils donnent d'en réunir
plusieurs en un seul et de les faire ressortir par
leur hymen.

En vertu de leur propre constitution, les lettres
se prononçant plus lentement ou plus rapide-
ment les unes que les autres, les syllabes qu'elles
forment sont naturellement soumises à la *prosodie.*

Tissues de lettres expressives et indéfiniment
combinables, et de mots multiformes, les propositions, membres du discours, peuvent s'agen-
cer entre elles de mille manières harmoniques,
se développer en *périodes* et se réunir en un
tout largement et savamment distribué.

Certains philologues passionnés pour la langue chinoise, ont vanté l'art avec lequel en sont construits les caractères : mais lorsqu'on pense avec l'écriture idéologique, c'est de l'écriture avant tout qu'il faut s'occuper; au lieu qu'en pensant avec l'écriture alphabétique, on peut, jusqu'à un certain point, oublier les mots, et être tout entier à la pensée.

Empreindre l'expression de notre propre originalité et de celle des choses, est style. Dans cette partie de l'art, qui seule immortalise le discours, que fera l'écrivain chinois qui trouve sa pensée toute faite dans des caractères, lesquels n'ont aucun rapport naturel avec les objets? Obligé de penser comme les inventeurs des signes qui lui ont dérobé son individualité, il ne lui restera qu'à les combiner et à les faire ressortir les uns par les autres; son talent sera dans leur rapprochement (1); simple artiste en mosaïque, il n'aura pour se manifester, lui et l'univers, qu'un nombre donné de pierres diversement peintes, à couleurs tranchées, tandis que l'écri-

----

(1) Lettre de M. G. de Humboldt à M. Abel-Rémusat, pages 57, 58, 59, dans lesquelles on trouve des idées très-remarquables.

vain classique aura sur sa palette toutes les
teintes et toutes les nuances de la nature.

Puis donc que la parole est l'organisation du
son, que les langues sont l'organisation de la
parole et de la pensée, l'alphabet littéral qui
compose et décompose les moindres éléments du
son, est le plus propre à cette organisation, qui se
renouvelle partiellement toutes les fois que nous
parlons et que nous écrivons. Les peuples qui
en sont privés, peuvent être comparés à ces co-
léoptères, qui ont leurs ailes dans des étuis, et
dont le vol même accuse la lourdeur. Sans lui,
sans cet alphabet n'existerait aucun de ces chefs-
d'œuvre littéraires, classiques ou romantiques,
monuments impérissables du langage, où sont
déposés les trésors de toutes les idées et de
toutes les affections de l'humanité. Un sage,
dont le nom m'est échappé, rendait graces aux
dieux de l'avoir fait naître homme, Grec et
Athénien; il aurait, s'il y eût songé, donné un
juste et nouvel essor à sa gratitude, en les re-
merciant de lui avoir fait parler et écrire une
langue alphabétique (R).

CONCLUSIONS.

—————

1° L'ABSENCE DE TOUTE ÉCRITURE FIGURATIVE, HIÉROGLYPHIQUE, PITTORESQUE, SYMBOLIQUE, IDÉO-LOGIQUE ET PHONOGRAPHIQUE CHEZ UN PEUPLE QUI N'AURAIT POINT UNE LANGUE TOUTE FAITE, N'EM-PÊCHERAIT PAS CE PEUPLE DE PARLER; MAIS ELLE SERAIT UN OBSTACLE INVINCIBLE A LA FORMATION D'UNE LANGUE RÉGULIÈREMENT ORGANISÉE.

2° L'ABSENCE DE L'ÉCRITURE IDÉOLOGIQUE ET PHONOGRAPHIQUE CHEZ UN PEUPLE QUI PARLERAIT DEPUIS LONG-TEMPS UNE LANGUE RÉGULIÈREMENT CONSTRUITE, AMÈNERAIT INSENSIBLEMENT LA DÉTÉ-RIORATION DE CETTE LANGUE, EN LUI FAISANT PERDRE LES IDÉES ET LES MOTS ABSTRAITS, ET LA RÉDUIRAIT A UN PETIT NOMBRE DE MOTS ET D'IDÉES CORRES-PONDANTS AUX BESOINS LES PLUS URGENTS DE LA VIE, SANS QUE CE PEUPLE, NÉANMOINS, PUT PERDRE TOUT-A-FAIT L'ÉCRITURE FIGURATIVE, SYMBOLIQUE OU HIÉROGLYPHIQUE.

3° L'ÉCRITURE IDÉOLOGIQUE TENDANT SANS CESSE A SE SUBSTITUER A LA LANGUE PARLÉE, ET PAR LA, NUISANT AU COMMERCE DES HOMMES ENTRE EUX,

ET A L'ÉDUCATION DE LEURS FACULTÉS, EST UN OB-
STACLE AU PERFECTIONNEMENT DU LANGAGE, TOU-
JOURS EN RAPPORT AVEC LE PERFECTIONNEMENT DE
L'ESPRIT.

4º L'ÉCRITURE IDÉOLOGIQUE EST ANTI-GRAMMA-
TICALE ET INCOMPATIBLE AVEC LES FLEXIONS DES
MOTS, LES DÉCLINAISONS ET LES CONJUGAISONS, OR-
GANES LES PLUS ESSENTIELS DU LANGAGE.

5º L'ÉCRITURE IDÉOLOGIQUE TEND A RAMENER LA
PENSÉE A LA MOINDRE MANIFESTATION, A CELLE
QUE SIGNALE LE PREMIER PARLER DES ENFANTS,
CELLE DES SAUVAGES ET DES SOURDS-MUETS.

6º L'ÉCRITURE PHONOGRAPHIQUE EST EXEMPTE
DES INCONVÉNIENTS ATTACHÉS A L'ÉCRITURE IDÉOLO-
GIQUE; ELLE EST FAVORABLE A LA PAROLE; ELLE
EST PAROLE; ELLE COMPOSE ET DÉCOMPOSE LES
MOINDRES ÉLÉMENTS DU SON; ELLE CONSTRUIT DES
MOTS MOBILES ET FLEXIBLES DANS CHACUNE DE
LEURS PARTIES, ET ELLE SECONDE TOUS LES MOU-
VEMENTS ET TOUTES LES OPÉRATIONS DE L'ESPRIT
HUMAIN.

FIN.

NOTES.

A. En quoi a consisté cette influence. (*Avertissement*).

NOTE PREMIÈRE.

Développements du programme du prix fondé par Volney, touchant l'influence de l'écriture sur les langues.

Nous sommes entré le plus qu'il nous a été possible dans l'esprit du programme rédigé par l'Académie, en nous conformant aux directions données par le rapport du 24 avril 1826. « Ce que la commission « avait eu principalement en vue, c'était la marche « synthétique, par laquelle, au moyen d'inflexions, « d'altérations et de combinaisons variées à l'infini, « les idées accessoires de nombres, de genres, de « personnes, de modes et de temps, en un mot, tous « les signes de rapport se fondent avec les idées prin-« cipales des êtres et des actions; sans cependant « qu'elle eût prétendu exclure ce genre de composi-« tion, plus artificiel, qui consiste dans la réunion en « un seul mot de plusieurs idées principales, et qui

7

« fait la richesse de divers idiomes, par exemple, du
« grec, du persan et de l'allemand. » Rapport du 24
avril, page 8..... « Les lumières répandues par des tra-
« vaux récents sur la langue chinoise, offriront aux
« concurrents de grandes ressources. Quant à l'influence
« mise en question, de l'absence de l'écriture, il n'é-
« tait pas nécessaire pour examiner cette partie du
« problème, d'avoir à sa disposition des livres élémen-
« taires d'un grand nombre d'idiomes de nations sau-
« vages, et surtout de nations absolument dépourvues
« d'écriture. » *Ibidem*, page 9..... Nous nous sommes
en conséquence attaché à montrer l'influence des
formes grammaticales sur la pensée et sur le langage,
et nous avons spécialement fait l'application de nos
idées à la langue chinoise.

B. Pensée, parole, écriture, page 1.

NOTE SECONDE.

*Définition de pensée, parole, écriture, langue,
grammaire.*

PENSÉE : résultat de l'action de notre principe intelligent qui réunit plusieurs idées par leur copule *est*.
L'IDÉE est limitation d'une perception dans une image
ou dans un son.

PAROLE : perception, idée ou pensée manifestées dans le son organisé par l'instrument vocal.

ÉCRITURE : ensemble de caractères naturels ou artificiels, qui, par l'intermédiaire de la vue ou de l'ouïe, présentent à l'esprit, soit des images, soit des signes de rappel, soit les éléments simples ou composés de la parole.

LANGUE : « Ensemble de signes vocaux, corrélatifs « entre eux, dérivant de racines communes, soumis au « même système de déclinaisons et de conjugaisons; se « liant d'après les mêmes règles de syntaxe, et moyen- « nant lesquels une réunion d'hommes se communique « ses pensées et ses désirs. » Lettre de *M. Malte-Brun à M. Balbi. Introduction à l'ethnographie* — LANGUE : *organisation de la parole.* — Disons par occasion, qu'au titre *Ethnographie,* que M. Balbi, lui-même, trouve insuffisant, il faudrait, pour donner une idée complète du travail important qu'il annonce, substituer celui de *Ethno-glosso-graphie.*

GRAMMAIRE : rapport entre le langage, nos facultés et les objets. Le rapport entre le langage et nos facultés donne la grammaire générale : le rapport entre le langage et les objets donne les catégories grammaticales, les prépositions et les flexions.

7.

C. Il entre du naturel et de l'artificiel, page 3.

NOTE TROISIÈME.

Dans tous les produits des facultés humaines, il entre du naturel et de l'artificiel.

« Selon les physiciens, ce qui est naturel, c'est ce
« qui se fait sans le ministère de l'art, par un enchaî-
« nement qui nous est inconnu de causes et d'effets, et
« qui dépend de cette force supérieure, de ce méca-
« nisme inflexible qui ne prend conseil ni de notre vo-
« lonté ni de nos intérêts, et qui n'est subordonné
« qu'aux lois du Créateur..... La nature, toute seule,
« produit le blé ; l'art fait le pain : en empruntant le
« secours de la nature dont il est toujours l'esclave,
« l'artiste ne peut opérer qu'en étudiant la nature, et
« en se conformant à ses lois. » Dumarsais, *Principes
de grammaire.*

« Le langage mimique institué par le sourd-muet
« isolé, est en partie le produit de la nature, en partie
« celui des circonstances. Tout ce qu'il doit à cette
« première origine aura un caractère universel et
« constant : ce sera un langage fondé sur l'intuition
« elle-même. Tout ce qu'il empruntera à la seconde
« origine sera fortuit, par conséquent mobile, incer-
« tain, spécial. » *De l'éducation des sourds-muets de naissance, par M. le baron Degerando.* Notre activité or-

ganique et intellectuelle, qui tire les produits de l'art,
des matériaux fournis par la nature, a aussi ses lois
et ses analogies qui la guident et qui la suivent jusque
dans les effets les plus éloignés de leur principe, et dont
la trace finit par être méconnaissable et imperceptible,
quoique subsistante et liée à tous les chaînons antécé-
dents.

D. Un alphabet en relief, page 7.

NOTE QUATRIÈME.

*En dernière analyse, il n'est aucune écriture qui ne
soit impressive.*

L'écriture intuitive, celle qui grave l'idée dans le
cerveau, ne peut avoir lieu qu'au moyen d'un mouvement cérébral déterminé, qui ne devient perceptible
que par un contact intime et mystérieux.

On sait que la vision, l'ouïe et les perceptions des
autres sens ne sont que le produit d'une sorte de toucher appropriée à leurs moyens spéciaux d'action. Ainsi,
les écritures mimologique et phonologique n'ont leur
effet qu'au moyen d'un toucher volant, aérien et fugi-
tif; l'écriture tracée sur un corps solide est également
toucher oculaire, mais moins vague, étant produit par
une couleur fixe et permanente. L'écriture qui a lieu

par le contact, est toucher proprement dit : cette dernière étant la plus affective de toutes, devrait être la
plus mémorative; elle ne rend pas néanmoins à la mémoire et à l'imagination des services aussi essentiels
que le son, parce qu'elle n'agit qu'instantanément sur
la surface de la peau, et que ses contours, à peine tracés, sont aussitôt effacés par le mouvement habituel
de l'organisation, tandis que la parole agit dans l'intérieur de l'oreille et de l'organisation, et que ses vibra-
tions sont multipliées et conservées par les échos et le
mécanisme d'un organe construit à cet effet. Au reste,
l'écriture tactile rend en certaines occasions des services importants. « Il enseignait à ses élèves à lire par le
« mouvement des doigts dans la paume de la main, afin
« de pouvoir s'entretenir et s'exercer encore, même pen-
« dant l'obscurité de la nuit (1). » Les aveugles-sourds-
muets, ces tristes et presque méconnaissables débris de
l'humanité, entendent et parlent au moyen de l'écriture
tactile; « le nom des personnes qui entrent dans sa
« chambre et qu'il reconnaît à leur odeur (2), » est
inscrit, par une action déterminée, dans son organe
olfactif. Au moyen de l'instruction méthodique d'un
seul des trois sens inférieurs qui lui restent, et de l'é-
ducation expérimentale des deux autres, il devient,
ou plutôt il se manifeste être intelligent, social, moral

---

(1) Éducation des sourds-muets de naissance, page 441.
(2) *Ibidem*, tom. II, pages 187, 196.

et religieux : preuve évidente que l'homme est tout entier dans chacun de ses sens, et dans la moindre de
ses perceptions ; preuve invincible, en outre, au moins
pour nous, de l'existence de l'Être suprême ! Si en effet l'athéisme est fondé en raison, il a le DROIT de chi-
caner et d'ôter Dieu au malheureux dont nous venons
de parler, droit que Satan seul peut oser revendiquer.

Nous terminerons cette note par une remarque purement grammaticale : plus haut nous nous sommes
servi, et nous croyons avoir été autorisé à nous servir de l'expression, *écriture phonologique*. Du moment
qu'on dit écriture *idéologique*, pourquoi ne dirait-on
pas également écriture *phonologique*, et n'éviterait-on
pas un pléonasme sans utilité ? Cette locution est même
peut-être plus convenable dans le premier cas que dans
le second, car il y a plus de moyens d'*analogie* dans
le son que dans les images. Disons, à cette occasion,
qu'une des grandes missions de la science est de recti-
fier les mots après avoir rectifié les idées.

E. Dont la désinence a été légèrement fléchie, page 18.

NOTE CINQUIÈME.

Les cas ne sont que de légers changements faits dans les terminaisons des mots.

Voici quelle est sur ce fait l'opinion de M. Abel-Rémusat : « Je pensais (et je suis disposé à conserver « cette opinion) que les particules et les désinences « ou affixes, ne sont au fond, et dans leur nature in-« time, qu'une seule et même chose, et que si les crases « qui ont permis de rapprocher en latin ou en grec « les terminaisons du thème des noms et des verbes, « n'avaient pas été impossibles en chinois, on y ver-« rait des mots déclinés et conjugués, comme partout « ailleurs. » *Notes sur la lettre de M. G. de Humboldt*, page 106.

Voici maintenant ce que pense à cet égard M. G. de Humboldt : « Je ne partage nullement l'opinion que « toutes les flexions aient été dans leur origine des af-« fixes détachés. Je conviens qu'il est, ainsi que vous « l'avez énoncé, monsieur, assez naturel de supposer « cette transformation; je crois même qu'elle a eu lieu « dans un très-grand nombre de cas; mais il est bien « certainement arrivé aussi, que l'homme a senti qu'un « rapport grammatical s'exprimerait d'une manière

« plus décisive par un changement du mot même. »
Lettre à M. Abel-Rémusat, page 55.

L'opinion qui suit est celle de Du marsais : « Le mot
« *cas* vient du latin, *casus*, chute : racine *cadere*, tom-
« ber. Les cas d'un nom sont les différentes inflexions
« ou terminaisons de ce nom. On a regardé ces termi-
« naisons comme autant de différentes chutes d'un
« même mot. » Dumarsais, *Principes de grammaire*.

———o———

F. Sont réciproquement conversibles, page 22.

NOTE SIXIÈME.

*Le substantif, l'adjectif et le verbe se contiennent
mutuellement.*

« Il faut se rappeler ce principe dont nous avons
« parlé ci-dessus, que le substantif et l'adjectif unis en-
« semble et en construction , ne présentent à l'esprit
« qu'un seul et même objet, ou physique, ou métaphy-
« sique : ainsi l'adjectif n'étant réellement que le sub-
« stantif même, considéré avec la qualification que
« l'adjectif énonce..... L'adjectif n'est donc que le sub-
« stantif même, avec telle ou telle modification. » Dumarsais, *Principes de grammaire*.

« Il y a des langues où l'on peut supprimer le verbe,
« mais on y supplée par certaines formes que pren-

« nent alors le sujet et l'attribut, et qui *expriment l'i-*
« *dée de l'existence du sujet avec l'attribut*, aussi par-
« faitement que le ferait le verbe lui-même. » *Principes
de grammaire générale*, par M. Silvestre de Sacy. Voilà
donc des substantifs qui *expriment l'existence*, l'être,
le mode d'être, qui sont verbes. L'infinitif des verbes
devient substantif : le *boire*, le *dormir;* et il devient
adjectif dans les participes.

G. Les adjectifs métaphysiques, page 23.

NOTE SEPTIÈME.

*Le mode analytique ou synthétique, sous lequel nous
considérons tous les objets, a forcé de créer les adjectifs métaphysiques.*

« L'art de la parole ne saurait nous donner trop de
« secours pour nous faire éviter l'obscurité et l'am-
« phibologie, ni inventer un assez grand nombre de
« mots pour énoncer non seulement les diverses idées
« que nous avons dans l'esprit, mais encore pour ex-
« primer les différentes faces sous lesquelles nous con-
« sidérons les objets de ces idées.

« Telle est la destination des prénoms ou adjectifs
« métaphysiques, qui marquent, non des qualités phy-
« siques des objets, mais seulement des points de vue

« de l'esprit, ou des faces différentes sous lesquelles
« l'esprit considère le même mot. Tels sont, *tout*,
« *chaque*, *nul*, *aucun*, *quelque*, *certain*, dans le sens
« de *quidam*, *un*, *ce*, *cette*, *ces*, *le*, *la*, *les*, auxquels on
« peut joindre encore les adjectifs possessifs tirés des
« pronoms personnels; tels sont *mon*, *moi*, et les noms
« de nombre cardinal, *un*, *deux*, *trois*, *quatre*, *cinq*
« et *six*..... *ce*, *ces*, *ceci*, *cela*; *celui*, *celle*; *ceux*,
« *celles*, *celui-ci*, *celui-là*; *celle-ci*, *celle-là*; *certain*,
« *quelque*, *tout*; *chaque*, *nul*, *aucun*, *mon*, *ma*, *mes*,
« sont des adjectifs métaphysiques. » Dumarsais, *Prin-*
cipes de grammaire.

Presque tous les mots des langues, les noms propres
exceptés, sont abstraits et métaphysiques. Que les
personnes atteintes d'une espèce d'*idéophobie* s'y ré-
signent : elles font de la métaphysique très-subtile et
très-déliée, lorsqu'elles parlent des choses les plus
simples et les plus positives.

II. Le verbe par excellence, page 23.

NOTE HUITIÈME.

Le verbe substantif exprime autre chose qu'un fait, il
exprime l'être.

« Outre la valeur particulière de chaque verbe qui
« exprime ou l'ESSENCE, ou l'EXISTENCE, ou quelque

« action, ou quelque sentiment, le verbe marque en-
« core l'action de l'esprit qui applique cette valeur à
« un sujet, soit dans les propositions, soit dans les
« simples énonciations; et c'est ce qui distingue le
« verbe des autres mots qui ne sont que de simples
« dénominations. » Dumarsais, *Principes de grammaire*.

Vous voyez que Dumarsais considère le verbe comme
exprimant L'ESSENCE (l'être), L'EXISTENCE, L'ACTION DE
NOTRE ESPRIT, et comme FORMANT (il aurait pu dire
comme contenant) DES JUGEMENTS. L'autorité d'un
livre aussi excellent que l'Éducation des sourds-muets
de naissance, de M. le baron Degerando, et dans lequel est énoncée une opinion contraire à celle que
nous venons d'exposer, cette autorité a trop de poids
et la question est trop importante, pour que nous ne
l'examinions pas avec toute l'attention qu'elle mérite :
il s'agit du fondement de la grammaire. Nous allons
citer les propres paroles de l'auteur : « C'est une erreur
« des grammairiens, erreur dont Aristote, au reste,
« il faut en convenir, a donné l'exemple, et que son
« autorité a surtout accréditée, que de considérer le
« verbe *être* comme le lien nécessaire de toute propo-
« sition, comme tacitement renfermé dans les autres
« verbes; que d'assimiler ainsi une action à une qua-
« lité; que de décomposer le verbe ordinaire en son
« participe joint au verbe auxiliaire. Le verbe exprime
« un *fait*; le fait n'est que le *sujet existant, ou en ac-
« tion*. Le verbe *être* lui-même a désigné le *fait de*

« *l'existence*, avant d'être employé comme copule lo-
« gique, c'est-à-dire comme désignant la co-existence
« de la substance et de la qualité, dans la réalité ou
« dans l'entendement, emploi qui est dérivé de sa
« première acception, emploi qui exige une réflexion
« assez subtile de l'esprit, et qui est même inconnu
« dans plusieurs langues. » Tom. II, page 576.

Présentons séparément chacune des idées renfermées dans cette citation, pour pouvoir les considérer
dans tous les sens, et nous faire sur cette question
une opinion fondée en raison et conforme à la vérité.

1° C'est une erreur que de considérer le verbe
être comme le lien de toute proposition.

2° Le verbe exprime un *fait*, le fait n'est que le *sujet existant, ou en action*.

3° Le verbe *être* est inconnu dans plusieurs langues.

Avant de discuter en elle-même la première proposition, opposons-y l'opinion de M. Sylvestre de
Sacy et celle de M. G. de Humboldt.

« C'est le verbe, comme nous l'avons déjà dit, qui
« donne la vie au discours : car c'est lui qui fait la
« liaison du sujet et de l'attribut, et c'est de cette liai-
« son que dépend le sens de la proposition. » *Principes
de grammaire générale*, page 7. « J'ai comparé la
« plupart des langues américaines entre elles sous
« l'unique rapport de la manière dont elles expriment
« le verbe, comme liaison du sujet avec l'attribut

« dans la proposition. » *Lettre de M. G. de Humboldt*, page 76. Ceci résulte, en effet, de la nature des choses et de celle de notre esprit. « Outre l'idée d'une chose « et l'idée d'une qualité, tout jugement de notre es- « prit renferme encore l'idée de la réunion de cette « chose avec cette qualité. » *Principes de grammaire générale*, page 3. Or, toute perception est jugement. « On a judicieusement remarqué que nos perceptions « ne sont jamais, dans notre esprit, isolées d'un juge- « ment. » *Éducation des sourds-muets de naissance*, tom. II, page 141.

Dans la perception du sujet, de l'attribut, du verbe, est donc jugement, c'est-à-dire tout à-la-fois sujet, copule et attribut. Voyez la note sixième, dans laquelle nous avons fait voir que le substantif, l'adjectif et le verbe se contiennent mutuellement.

Le *verbe exprime* un *fait* (nous voici à la seconde proposition); mais tout fait ayant une cause, étant dans sa cause, rien n'est aussi intimement uni que le fait et la cause; et le verbe, en *exprimant le fait*, exprime en même temps la *cause* (l'être) et la copule du fait et de la cause, du sujet et de l'attribut. Le verbe, d'ailleurs, exprime bien certainement autre chose qu'un fait, puisqu'il exprime la substance; le fait est ce qui arrive; la substance est ce qui *est*.

Le fait n'est que *le sujet existant, ou en action :* outre l'*existence* et l'*action* qu'exprime le verbe, il exprime aussi le sujet, le *est* du sujet, la cause et l'action. Là où n'est pas le verbe *est*, le langage opère sur le néant.

Le verbe *être*, est-il dit dans la troisième proposition, est inconnu dans plusieurs langues. Mais sa présence formelle, comme nous l'avons vu dans la citation que nous a fournie la grammaire de M. de Sacy, est suppléée par des formes qui expriment l'idée de l'existence du sujet avec l'attribut, aussi parfaitement que le verbe lui-même. Dans toutes les langues, une partie de la grammaire est sous-entendue : celle-là se sous-entend plus facilement, qu'appelle plus impérieusement la nécessité du sens, et il n'en peut exister de plus nécessaire que *l'être*. « Si Stéphanie, parlant de « son jeune frère, disait : *Mon frère Ustazade petit*, « *moi, plus grande que lui* ; on entendrait facilement ce « qu'elle voudrait dire : Mon frère Ustazade est petit, « et je suis plus grande que lui. » *Principes de grammaire générale*, page 6. Un élève sourd-muet, dont il est parlé dans le tome premier de l'*Éducation des sourds-muets de naissance*, page 500, voulant exprimer l'action de se frapper la poitrine qu'on venait d'exécuter en sa présence, écrivit *main, poitrine;* l'académicien Nicolaï triompha, et déclara que, par là, était démontrée la fausseté de la méthode de l'abbé de l'Épée. Mais puisqu'en dernière analyse c'est l'esprit qui voit ce que perçoivent les yeux, il est impossible, de toute impossibilité, que dans celui du sourd-muet, n'eût pas été présent l'acte par lequel la main avait frappé la poitrine. Il sous-entendit le VERBE frapper, qui était comme inhérent à son intelligence, et pour lequel l'art n'avait pas encore su lui fournir un signe.

I. Dans les langues inversives, page 26.

NOTE NEUVIÈME.

La construction inversive suppose toujours la construction directe ou logique.

Quelle est la plus naturelle, de la construction inversive, ou de la construction directe et logique? question qui ne peut être résolue d'une manière absolue, puisque suivant la différence d'organisation des peuples, et la situation d'esprit dans laquelle se trouvent les individus, la première et la seconde de ces constructions sont, tour à tour, plus naturelles. L'imagination ne voit pas les *objets* dans l'ordre où ils existent réellement *unis* à leurs *qualités;* mais étant, avant tout, frappée de ces qualités suivant le degré d'intérêt qu'elles lui présentent, elle les nomme à mesure qu'elles la stimulent, et leur donne, dans le discours, le rang qu'elles occupent dans ses affections. La raison procède autrement : elle voit les choses comme elles sont en elles-mêmes, le sujet d'abord, ensuite le verbe, et enfin l'attribut, dont les dépendances forment tous les matériaux possibles du langage, et sont, par elle, rangées dans un même ordre didactique. La construction inversive est du domaine de l'imagination; la construction directe est du domaine de l'intelligence : l'une est conforme à l'état des choses, l'autre à celui de nos assertions. Mais quelle que soit la variété, et même la bizarrerie de l'arrangement des mots qu'opère cette dernière, ils ne font sens qu'autant qu'ils sont ramenés à la construction logique que, pour cela, Dumarsais nomme NÉCESSAIRE, SIGNIFICATIVE.

Une conséquence nécessaire de ce qui précède, est que les langues à construction inversive doivent être plus poétiques, et celles à construction directe doivent être plus philosophiques ; que ces dernières rappellent sans cesse les autres à l'arrangement logique, ce que le français a en partie obtenu de l'italien, de l'espagnol, de l'anglais, et qu'il ne tardera pas à obtenir de l'allemand ; que ces mêmes langues directes répugnent au merveilleux et à ce qu'on appelle romantisme ; et que toutes doivent chercher la variété dans les inversions qui leur sont permises, et la clarté dans l'ordre didactique, nécessaire et significatif.

K. L'esprit de la grammaire, page 27.

NOTE DIXIÈME.

Il y a dans la grammaire une métaphysique d'instinct.

« Il y a une espèce de métaphysique d'instinct et de « sentiment qui a présidé à la formation des langues, « sur quoi les grammairiens ont fait ensuite leurs ob-

8

« servations, et ont aperçu un ordre grammatical,
« fondé sur l'analyse de la pensée, sur les parties que
« la nécessité de l'élocution fait donner à la pensée,
« sur les signes de ces parties, et sur le rapport et le
« service de ces signes. » Dumarsais, *Principes de
grammaire.*

Les langues étaient de toutes pièces dans l'intelligence, avant d'être explicitement dans le discours.

———————

L. De stupide incapacité, page 36.

NOTE ONZIÈME.

Les peuples placés à un degré très-inférieur de civilisation ont néanmoins quelque sorte d'écriture.

« Les peintures grossières des Patagons mentionnées par Narborough, celles qui sont faites sur bois
« par les indigènes des environs du canal de Cox et de
« la baie de Norfolk, ou golfe de *Tekinkilani*, sur la
« côte nord-ouest de l'Amérique, et toutes les peintures plus ou moins informes, observées par les voyageurs dans les différentes parties du globe, surtout
« parmi les indigènes de l'Amérique du nord, entrent
« dans cette catégorie. Elles présentent une infinité de
« nuances, dont le plus haut degré de perfection paraît être offert par les peintures des Aztèques ou

« Mexicains, des Toltèques et des Stascaltèques.
« Viennent ensuite les Sogkokok, des naturels de la
« Virginie; les peintures historiques des Iroquois,
« des Hurons, et des nombreux peuples qui vivent
« dans les régions que nous avons nommées Missouri-
« Colombiennes, du plateau central et alléghanique. Il
« faut aussi remarquer que ce genre d'écriture a fait
« primitivement la base de l'écriture idéologique,
« ainsi que des caractères figuratifs de l'écriture sacrée
« et hiéroglyphique des Égyptiens. » Balbi, *Introduction à l'ethnographie.*

Ne serait-on pas tenté, d'après cela, de penser
qu'il est presque aussi naturel à l'homme d'écrire
que de parler?

———— ♦ ————

M. Leur signification ne peut être qu'arbitraire, page 57.

NOTE DOUZIÈME.

De la pensée renfermée dans les images et les carac-
tères; de la pensée renfermée dans les sons et dans
les mots : difficulté, dans le premier cas, de signaler
les objets physiques, de passer à l'ordre intellectuel
et de suivre l'analogie; facilité dans le second.

Pour se faire une idée de la prodigieuse stérilité
des caractères—images, et de l'impossibilité où ils

sont de servir de signes même aux objets physiques,
songeons qu'ils ne pourraient distinguer les dix planètes de notre système solaire. La raison en est que,
presque aucun objet n'est assez distinct d'un autre,
pour pouvoir être caractérisé par quelques linéaments.
Ce n'est que lorsqu'ils s'élèvent jusqu'au dessin et à
la peinture qu'ils peuvent exprimer nos affections,
et indiquer quelques unes de nos principales idées.

Veulent-ils étendre leur action, montrer autre chose
qu'eux-mêmes, passer à l'état métaphorique; que leurs
effets sont vagues, incertains et étroits! Voici ce que
dit l'abbé Pluquet à l'occasion des livres classiques
chinois : « Ly-King remonte à la plus haute antiquité;
« on l'attribue en grande partie à Fo-Hi; c'est un ou-
« vrage qui par le moyen des emblèmes, explique ou
« présente la doctrine des anciens temps sur les di-
« verses opérations de la nature, sur les différents
« états de la vie humaine, sur les vertus et sur les
« vices, sur les sorts heureux ou malheureux. Ainsi
« par exemple, *des montagnes sous terre signifient l'hu-*
« *milité; et la disposition ou la longueur de différentes*
« *lignes combinées, servent à exprimer les différents ef-*
« *fets de cette vertu.* »

Pour bien comprendre le sens de toute image métaphorique, il faut une convention antérieure, laquelle,
presque toujours, écarte le sens naturel, pour en substituer un autre détourné, singulier ou même bizarre.
Si l'on eût voulu rendre la sagesse triste et difforme,
eût-on fait rien de mieux que ce que firent les Athé-

niens, en lui donnant la chouette pour emblème?
Le symbole pourra bien exprimer avec bonheur quelques pensées détachées, mais jamais il ne constituera
le langage, auquel il servira de voile.

L'image repousse encore plus les deux grandes
opérations de l'esprit, auxquelles viennent aboutir
toutes les autres, la synthèse et l'analyse. Analyser
est diviser l'objet de l'image; composer est le cacher
en partie, et lui ôter son individualité.

Tant de défectuosités forcèrent à changer les signes
purement naturels en signes idéologiques et de convention, laquelle ne peut avoir lieu que par la parole
mimique ou parlée. Ceux-ci furent suffisants pour faire
distinguer un petit nombre d'objets, les planètes par
exemple connues lors de leur institution. Mais s'ils
avaient à noter tous les astres auxquels nos langues
ont donné un nom, ils embarrasseraient l'esprit plutôt qu'ils ne le serviraient.

Leur manque d'expression força à les réunir pour
qu'ils pussent s'entr'aider, et passer à l'état métaphorique et à l'ordre intellectuel. Qu'arriva-t-il? Ne
pouvant être composés que de quelques lignes droites
et courbes, et ces lignes ne disant rien de nos idées
et de nos affections, tout y fut à peu près bizarrerie,
affectation, jeu d'esprit, énigme. « L'image du *soleil*
« jointe à celle de la *lune*, signifia *lumière*; l'image de
« *l'homme* au-dessus de celle de *montagne*, voulut
« dire *ermite*; *bouche* et *oiseau* exprimèrent le *chant*;
« *femme*, *main* et *balai* rendirent l'idée de MATRONE,

« FEMME MARIÉE ; *oreille* et *porte* signifièrent ENTENDRE ;
« *eau* et *œil*, LARMES (1) ; » et notez que les signes composés qui expriment *homme*, *montagne*, *bouche*,
oiseau, *femme*, *main*, *balai*, *oreille*, *porte*, *eau* et *œil*,
ressemblent à ces objets dans l'écriture chinoise, autant qu'un mouton ressemble à un coq de bruyère,
et un singe à une perdrix.

Citons quelques lignes d'un des deux excellents articles insérés dans le *Journal des Débats* (2), dans
lesquels il est rendu compte de la lettre de M. G. de
Humboldt à M. Abel-Rémusat : « Comme la civilisa-
« tion naissante de la Chine ne brillait pas par la cour-
« toisie, la clef *femme* servait à distinguer tous les
« signes qui exprimaient la faiblesse et les imperfec-
« tions de la nature humaine...... Ces signes se for-
« mèrent de combinaisons de lignes droites, tellement
« multipliées, que quelquefois une cinquantaine de
« traits entrèrent dans la composition d'un même
« signe ; et il n'est pas une des parties de ce signe qui,
« détachée, ne présentât un sens particulier. Le signe
« *maison* décomposé signifiera *couvre-porcs.* »

Voici ce que dit à ce sujet M. G. de Humboldt :
« L'application qui ailleurs s'est portée sur les idiomes,
« s'est fixée là sur les signes ; le génie s'est consumé en
« efforts pour élever au degré de perfection où il est

(1) Éléments de la Grammaire Chinoise, page 2.
(2) Du 30 juillet 1827.

« parvenu, cet instrument incommode. » Les Chinois
attachent un grand mérite à bien former les caractères. « Ces trois caractères sont de la main de Ouipi;
« les traits en sont fermes et hardis. » (*Les deux Cou-*
sines.) C'est comme lorsque nous disons *c'est du*
Corrège, c'est du Raphaël.

Occupé de la forme et de la signification des caractères, non de la pensée en elle-même, le chinois ne
peut suivre les analogies de celle-ci. « Il semble que
« ce soit le propre de la nation chinoise de manquer le
« simple et l'utile pour réussir merveilleusement dans
« le difficile et le compliqué. » (*Journal des Débats.*)
Tout est contraste et sans analogie (1) dans les peintures et dans les jardins chinois. On oserait presque
dire qu'on n'en trouve point dans les traits heurtés et
discords de leur physionomie. Leur langue écrite et
parlée en étant dénuée, est forcée de s'appesantir sur
les principes, ne sachant en déduire les conséquences.
La législation chinoise a la prétention d'être fondée
sur le cœur humain, et elle autorise la bigamie (2) et

---

(1) On pourrait définir la peinture et la sculpture des Grecs : analogie
entre toutes les parties de l'organisation; chacune de ces parties y donne
toutes les autres.

(2) Épouser deux femmes est pourtant plutôt une exception qu'une
coutume. « Je me suis rappelé que Ohiang et Ninying s'étaient toutes deux
« consacrées au seul Chun. Il s'est déjà trouvé des gens qui ont imité cet
« ancien exemple. » (*Deux Cousines,* tom. IV, page 168.) Voici le raisonne-
ment par lequel Pse Yeoupe s'autorise à prendre deux femmes à la fois en
mariage. « Quand on est touché de la beauté, peut-on avoir deux sortes

l'exposition des enfants ; elle reconnaît qu'il existe des *devoirs*, et elle ne sait pas conclure les *droits* qui en résultent ; elle avoue l'immortalité de l'ame, et n'en déduit rien pour une autre vie. « Pour les Chinois, l'a-« venir ne va pas plus loin que la vie : le dogme de « l'immortalité de l'ame leur est, sinon inconnu, du « moins très-indifférent (1). » Ils ont un admirable plan d'éducation nationale, et ce plan ne tend qu'à faire des pédants beaux esprits ; ils croient à l'existence de Dieu, sans s'élever à son unité et à son immatérialité. « Voilà pourquoi, disait Confucius, lors-« que les hommes offrent des prières et des sacrifices, « ils pratiquent différentes abstinences, se purifient, « se revêtent de beaux habits, supposant qu'il (le Tien) « est sur leur tête, à droite, à gauche, devant et der-« rière eux, et qu'il remplit toute l'étendue des airs (2). » Pauvre théologie !

Lisons dans la préface des *Deux Cousines* (de tous les livres, celui qui fait le mieux connaître les mœurs des Chinois), ce que M. Abel-Rémusat dit de leur poésie, et même de leur prose, et nous serons convaincus que leur langue les empêche de penser et de s'exprimer naturellement, intelligiblement, et surtout

---

« de sentiment? S'il s'en trouvait une autre qui eût autant de beauté « qu'elle, il serait tout simple que je lui vouasse la même passion, etc..... » S'il s'en trouvait une troisième, une quatrième !.......

(1) *Journal des Débats*, 12 juin 1827.
(2) Traduction du *Juste Milieu*, par l'abbé Pluquet.

analogiquement; et comme nos pensées déterminent nos actions, il ne faut pas s'étonner de ce qu'il y a d'extraordinaire dans leur manière de sentir et de vivre. Comment, les caractères de leur langue n'étant que des espèces d'énigmes, lesquelles au reste servent à exercer et à aiguiser leur esprit, n'aimeraient-ils pas les rébus et les calembours! Aussi dans le roman précité, les deux filles les plus distinguées de l'empire céleste sont-elles le prix de quelques bouts-rimés. La phrase suivante, de la préface de ce curieux roman, donne beaucoup à penser. « Un héros ne saurait pren- « dre l'*honneur* pour devise, ni une servante s'écrier : « *Dieu!* ou *ma Foi!* » Les idées d'honneur, de di- vinité, des croyances religieuses, ne sont pour rien dans la conduite des Chinois : et pourtant, chez ce peuple paradoxal, qui, à force de rites purement con- ventionnels, n'a pu parvenir à détruire entièrement en lui la nature humaine, vous trouvez des exemples du dévouement le plus sublime, des vertus dignes du Portique; à côté du cérémonial le plus gênant et le plus ridicule, une politesse exquise, des formules d'urbanité, qui si elles nous avaient été transmises par la cour de Louis XIV, nous en donneraient une idée encore supérieure à celle qui nous en est parvenue (1);

---

(1) « J'ai le plus grand désir d'être honoré par vous d'une marque d'a- « mitié. » Peut-on imaginer une manière plus délicate de s'établir l'infé- rieur de quelqu'un ?

toutes les sortes d'esprit, depuis celui d'Agnès, de
Paméla, de Gil Blas, jusqu'à celui des Précieuses ridicules; ce dernier, par malheur, semblant être le plus
dominant.

Les Chinois ont une encyclopédie en soixante-
quatre volumes; la classification adoptée pour les matières qu'elle renferme, donnera une idée du peu
d'analogie qui existe dans leur tête : 1° astronomie;
2° géographie; 3° portraits des personnages remarquables, et des différentes tribus de chaque région;
4° mystère du grand Cycle et du Pakna; 5° architec-
ture; 6° meubles et instruments de guerre, d'agricul-
ture, de jardinage et de pêche; 7° anatomie; 8° cos-
tumes; 9° jeu des échecs et autres jeux; 10° anciens
caractères chinois; 11° botanique et histoire naturelle
des différentes contrées; 12° manière de boxer et de
faire des armes; 13° art du bûcheron; 14° art de la
danse; 15° divers moyens de conserver la santé et de
prolonger l'existence; 16° des combats de coqs et
de taureaux.

Ne soyons donc pas surpris de ce qu'Adelung dit
de la Chine et des contrées voisines de ce vaste empire. « Les peuples de ces immenses régions retiennent
« encore dans leur langage toutes les imperfections
« d'un idiome qui vient de naître. Comme les enfants,
« ils n'articulent que des monosyllabes. Ils parlent
« comme ils parlaient il y a plusieurs milliers d'an-
« nées, quand l'espèce humaine était encore au berceau.
« Nulle division des mots en plusieurs classes, ainsi

« que cela a lieu dans les langues régulières; confu-
« sion pleine et entière des personnes et des temps;
« nulle inflexion des mots; nulle distinction des cas et
« des nombres. On forme le pluriel ainsi que le forment
« les enfants, *trois et encore trois*, *trois et plusieurs*
« *autres*, *etc*. Un langage aussi imparfait rend tout
« progrès impossible; et tant que les Chinois n'en par-
« leront pas d'autre, ils feront de vains efforts pour
« s'approprier les arts et les sciences de l'Europe. »
(*Mithridate*, pages 18 et 28.)

Passons maintenant aux services que rendent les
langues alphabétiques : au moyen des sons articulés
et des mots, elles signalent tout ce qui existe. La parole étant corps et esprit, exprime le monde intérieur
et extérieur, le premier peut-être plus fidèlement que
le second, puisque, devant son existence et sa forme à
notre force intelligente, elle explique mieux ce qui
lui est plus analogue, son propre principe. Du rapport qui existe entre ces deux mondes, rapport qu'elle
compose et décompose à son gré, résulte analogie
universelle, d'où elle tire toute espèce de déductions
et de conclusions. Des différences qui existent dans
l'organisation de l'homme et de la femme, elle con-
clut la monogamie; de la sympathie qui nous unit à
ceux à qui nous avons donné le jour, l'horreur de l'in-
fanticide; du devoir, le droit; de l'immortalité de
l'ame, la dignité de notre nature, et une vie à venir,
dans laquelle est soldé le compte du bon et du mé-
chant; de la fin de l'éducation, le développement de

toutes nos facultés ; et de l'existence de Dieu, la prière,
l'adoration, les plus humbles et les plus sublimes
vertus.

———————

N. Il n'y a ce semble qu'un pas à faire, page 61.

NOTE TREIZIÈME.

Origine de l'alphabet littéral.

« L'homme aurait plutôt cru qu'il lui était possible
« de voler dans les airs, que d'imaginer qu'il pourrait
« transporter et fixer sa parole loin de lui, hors de
« lui, et sans lui. » (De Brosses.) Comment s'est opéré
ce miracle?

Nous ne créons rien : les sciences et les arts nous
sont donnés synthétiquement dans nos sentiments et
dans nos perceptions. Le pouvoir d'analyse dont
notre esprit est doué, les en extrait en faisant le dé-
part des matériaux étrangers avec lesquels ils sont
confondus, et en les appropriant à nos besoins. L'alphabet nous a été donné avec la parole; nous ne pouvons parler, prononcer distinctement un seul mot
sans former un son, ou plusieurs sons simples ou
articulés; or l'alphabet n'est que la totalité des sons
simples et articulés d'une langue notés par des caractères. Fort bien : mais le difficile était d'imaginer qu'il

pût exister un rapport quelconque entre des sons qui
sont purement du ressort de l'oreille, et des signes
écrits qui sont purement du ressort des yeux. Oui,
sans doute; mais les divers sons correspondent à autant de formes spéciales que prend l'organe vocal
lorsqu'il veut les émettre, et qui viennent s'analyser,
se manifester sur les lèvres, et y produire l'alphabet
labial : donc, pour créer l'alphabet littéral, il a suffi
de remarquer que la parole est composée d'éléments
simples ou articulés, qui correspondent aux formes
que prend l'organe vocal en les émettant, formes
qu'on peut représenter avec des figures naturelles (1)
ou artificielles, et qui expriment le son comme la
cause exprime son effet. Nous pensons, bien que plusieurs philologues aient prétendu le contraire, que
l'alphabet littéral n'a jamais pu naître de la réduction
des caractères idéographiques : quelle que soit cette
réduction, leur moindre fragment ne se rapportera
qu'à des idées, et ne peut jamais rien dire du son.

---

(1) On ne peut guère se refuser à croire que le plus grand nombre de
voyelles ne soient la figure naturelle de la forme que prend la bouche en
les produisant.

O. A la langue alphabétique, page 83.

NOTE QUATORZIÈME.

Les inconvénients de l'écriture idéographique, et les avantages de l'écriture alphabétique, obligeront, tôt ou tard, les Chinois à adopter cette dernière.

Telle n'est pas l'opinion de M. G. de Humboldt. « Ceux qui s'étonnent de ce que les Chinois n'adop- « tent point l'écriture alphabétique, ne font attention « qu'aux inconvénients et aux embarras auxquels l'é- « criture chinoise expose. Ils semblent ignorer que « l'écriture en Chine est réellement une partie de la « langue, et qu'elle est intimement liée à la manière « dont les Chinois, en partant de leur point de vue, « doivent regarder le langage en général. Il est, selon « l'idée que je m'en forme, à-peu-près impossible que « cette révolution s'opère jamais (1). »

Elle est au moins commencée, et en grande partie avancée, si l'on en juge par les assertions suivantes, de M. Abel-Rémusat : « Une simplicité quelquefois « enfantine, mais, le plus souvent, une inimitable « naïveté, forment le caractère distinctif de ce lan- « gage (le style moderne), qui est *peut-être plus éloigné*

_____

(1) Lettre de M. G. de Humboldt à M. Abel-Rémusat, page 82.

« *du chinois littéral, que celui-ci ne l'est du latin ou du*
« *français.* Ici tous les rapports sont marqués, toutes
« les nuances sont exprimées; les sujets ne sont plus
« sous-entendus, ni les particularités de nombre ou
« de temps abandonnées à la sagacité du lecteur ou
« de l'auditeur. Les mots groupés en forme de poly-
« syllabes, les substantifs affectés de désinences spé-
« ciales, les conjonctions et les prépositions soigneu-
« sement mises à leur place, les adverbes distingués
« par des terminaisons, une foule d'auxiliaires et de
« mots analogues aux particules, tant séparables qu'in-
« séparables dans les verbes allemands, une construc-
« tion enfin toujours conforme à l'ordre naturel des
« idées, font du chinois familier, ou du *kouan-hoa*, la
« plus claire comme la plus facile de toutes les lan-
« gues (1). » (*Recherches sur les langues tartares.*)

Cette langue si facile, si claire, si naïve, qui exprime si bien toutes les nuances et tous les rapports,
s'est donc, par le laps du temps, et par la force des
choses, singulièrement éloignée de l'antique chinois
qui affecte des formes obscures et énigmatiques, et
qui sous-entend tout ce qui peut être deviné. « Vague,
« ingénieuse et spirituelle retenue! rien n'est exprimé,
« et tout s'entend à merveille. C'est absolument la
« manière du bon temps de la dynastie des Thang (2). »

---

(1) Dans la préface des *Deux Cousines*, page 82, M. Abel-Rémusat
dit cependant que cette langue est très-difficile.

(2) *Les deux Cousines*, tom. IV, pag. 39.

Le style moderne chinois affecte les formes des langues classiques au point de substituer de simples lettres aux anciens caractères. « Les Chinois savent fort bien, « quand il s'agit de son, prendre par abstraction *ko*, « *kia*, *kiaou*, pour *k*; *ma*, *mi* ou *mao*, pour *m*; ou « bien *mo*, *co*, *lo*, pour *o*; *tcha*, *fa*, *n'aa*, pour *a*; « en avertissant de cet usage passager qu'ils font de « leurs symboles, au moyen du mot *thseaï*, qui si- « gnifie analyse. » (*Recherches sur les langues tartares.*)

La routine, le gouvernement, retarderont encore long-temps le complément de cette révolution, la plus singulière et la plus grande qu'aura jamais éprouvée aucun peuple, puisque sans invasion étrangère, et sans l'influence du climat et de la législation, les Chinois changeront d'esprit, de mœurs et de caractère, c'est-à-dire qu'ils cesseront d'être Chinois; ce à quoi bien certainement s'opposera de toutes les manières le tribunal des rites, tant qu'il n'y trouvera pas son propre avantage et celui de la nation.

———————

P. Avec le sens de la vue, page 87.

NOTE QUINZIÈME.

Sympathie intime entre l'ouïe et l'organe vocal.

« Les organes de nos sens sont presque tous liés les « uns avec les autres. Les oreilles sont-elles remuées

« par un certain mouvement, la langue se sent, pour
« ainsi dire, disposée à exprimer un mouvement ré-
« ciproque à celui que les oreilles viennent d'éprouver.
« Entend-on chanter ou prononcer quelque parole,
« les organes de la voix semblent s'essayer à chanter
« ce même air, et à prononcer la même parole. » *Éducation des sourds-muets de naissance*, page 409.

* * * * *

Q. Qui, toutes, sont expressives, page 91.

NOTE SEIZIÈME.

Il existe un alphabet commun à toute l'espèce humaine.

« M. de Kempelin a réduit à un simple alphabet
« général les alphabets particuliers de toutes les lan-
« gues. » *Éducation des sourds-muets de naissance*,
tome II, page 47.

Il y a bien certainement des sons primitifs, distincts,
et analogues aux divers appareils de l'organe vocal
qui les émettent. Les lettres dans la formation desquelles domine l'action de la langue, des lèvres, des
dents, du palais, ont leurs qualités propres partici-
pant des qualités de l'organe producteur, et se ressemblent chez tous les peuples de l'univers autant
que les conformations de ces peuples sont ressem-
blantes entre elles. Quelle que soit la différence qui

9

existe entre un Lapon et un Indou, personne ne con-
teste que l'un et l'autre n'appartiennent à la race humaine : quelle que soit la diversité de prononciation
des lettres par les nations diverses, ce sont toujours
les mêmes lettres modifiées d'une manière analogue à
la diversité des organes, reconnaissables dans leurs
transmutations, pouvant être ramenées au même type
primitif et former un alphabet général.

R. Une langue alphabétique, page 94.

NOTE DIX-SEPTIÈME.

Tous les moyens que l'art appelle à son secours dans
l'éducation des sourds-muets ne suppléent qu'im-
parfaitement à la parole.

Comme tous ces moyens, en dernière analyse, ne
sont qu'ÉCRITURE fixe ou fugitive de son essence *idéo-*
logique, parler de ces divers moyens n'est point sortir de notre sujet. Pour ceux qui voudront connaître
ces moyens dans toute leur étendue, et les considérer
sous toutes leurs faces, nous les renvoyons à l'*Édu-*
cation des sourds-muets de naissance par M. le baron
Degerando. Cet ouvrage seul suffirait pour rendre la
science respectable. Mais outre le noble but qu'il renferme de rendre à la société et à l'humanité une

classe d'êtres, nos semblables, déshérités par la nature, il offre une foule de faits et d'observations aussi
curieux qu'importants ; il épie, saisit, analyse et étudie
l'intelligence dans chaque partie du discours ; et il est
presque, en un mot, l'histoire universelle de l'esprit
humain.

MIMOLOGIE NATURELLE.

Chez le sourd-muet, le geste, la physionomie,
la pantomime sont naturellement plus expressives
que chez celui qui, doué de la faculté de parler, a
moins besoin de recourir à des moyens accessoires
pour se faire comprendre. Ces signes mimiques, d'ailleurs, n'expriment bien que les sensations et les affections par lesquelles ils sont déterminés. S'agit-il de
représenter les objets et les idées dont se compose la
presque totalité des richesses de l'esprit humain, ils
sont tout-à-fait insuffisants. Comment distingueront-
ils un cheval d'un zèbre, un agneau d'un mouton ?
Faites-leur dire, si vous pouvez, mille, bonheur,
malheur. Ce langage naturel, mais borné, n'est utile
que pour les communications primitives, les plus nécessaires, et pour arriver au rappel des choses en les
indiquant par leurs traits les plus caractéristiques. Si
vous m'opposez les miracles de la pantomime des
anciens, je vous répondrai qu'elle ne se rapportait
guère qu'aux passions, et que son existence, à ce
haut degré de perfection, présupposait l'invention et
l'exercice du langage.

9.

DESSIN, PEINTURE.

Le dessin et la peinture n'étant que le geste, la pantomime et la physionomie des êtres animés et inani-
més, rendus fixes ou colorés ; le sourd-muet, malgré
son infirmité, reste en correspondance naturelle avec
ces arts qui aident beaucoup au développement de
son intelligence. Ils montrent sous leurs formes
véritables tous les objets que les signes mimiques ne
savent qu'imparfaitement désigner, et, supérieurs
sous quelques rapports à la parole, ils ne lui sont inférieurs que pour l'expression des idées. Le dessin, en
effet, ne rendra jamais des formules mathématiques,
et n'expliquera point un système de philosophie. Le
langage pittoresque n'en est pas moins d'un immense
avantage dans l'éducation du sourd-muet. Il n'est
point de gravure, de tableau important dont il ne dût
avoir l'image dans la mémoire, et qu'il ne pût rappeler
par son signe le plus caractéristique. De quels nobles
sentiments, et, par suite, de quelles idées sublimes
n'ornerait-il pas son cœur et son esprit en traduisant
en lui-même ces chefs-d'œuvre? *La tente de Darius*
lui ferait comprendre ce que renferme le mot GÉNÉ-
ROSITÉ. La *Justice poursuivant le crime* serait pour
lui un traité de métaphysique et de morale. *Brutus
envoyant ses fils à la mort* lui dirait que la patrie
passe avant la famille ; il s'élèverait à Dieu avec les

enfants de Bruno, et la mort du *juste* lui apprendrait à aimer ses semblables et à se sacrifier pour eux.

MIMOLOGIE ARTIFICIELLE,

SIGNES MÉTHODIQUES.

Un bon nombre de signes analytiques destinés à rappeler des objets déja connus, bien étudiés et bien déterminés, tels que les chefs-d'œuvre du dessin et de la peinture, ou à signifier des phrases entières d'un usage ordinaire, d'un sens simple et d'avance expliqué, seront d'u... grande utilité au sourd-muet en économisant son temps, et en lui rappelant plus vite que la parole, les idées renfermées en des actions peintes et en des mots abstraits de la plus vaste compréhension. Mais si vous voulez étendre l'usage de ces caractères jusqu'à en former un idiome complet correspondant à nos langues terme pour terme, idée pour idée, vous tombez dans le vague et l'indéfini, vous mettez des signes artificiels à la place de la pensée, et vous trompez l'intelligence de vos élèves par des apparences d'autant plus dangereuses que, lorsqu'on n'y regarde pas de près, on peut les prendre pour la réalité. M. le baron Degerando ne s'est pas fait illusion sur l'inanité de ces moyens : « J'avouerai « donc que, pour ma part, depuis plus de treize ans « que j'ai l'honneur de siéger dans l'administration de « l'institut royal des sourds-muets, je ne suis point

« encore parvenu à comprendre un seul discours de
« nos élèves dans le langage mimique (1). » Il rapporte
un fait singulier : Une phrase d'une ligne (2) fut dictée
en signes à six élèves sourds-muets des plus instruits;
chacun des six la traduisit d'une manière différente,
et aucun ne rencontra le sens véritable.

Les caractères images ne sont pas féconds; ils n'ont
point de lignée qui aille à la seconde ou troisième gé-
nération; ils ne se déduisent pas les uns des autres;
on détruit ce qu'ils ont de naturel au bout de quelques réductions, ce qui empêchera toujours ceux
qui en auraient la volonté, comme en ont été empê-
chés les vénérables abbés de l'Épée et Sicard, de faire
une langue mimique universelle. Prenant celle des
signes pour le langage naturel, comme si Dieu avait
fait l'homme pour parler avec les yeux et non avec
la langue, ils ne regardèrent le français et les autres
idiomes que comme des langues étrangères qu'il fal-
lait faire passer par la traduction dans la langue mimique, s'imposant, pour apprendre un idiome artificiel, la nécessité d'en créer et d'en savoir un autre. Il
y avait quelque chose de vrai dans cet aperçu : on

_____

(1) Éducation des sourds-muets de naissance, tom. II, pag. 493.
(2) Voici cette phrase : *la mort m'aura tout entier, ou n'aura rien de
moi :* il serait difficile à de plus habiles que des sourds-muets d'attacher
un sens précis à cette proposition. La proposition contraire est bien
plus vraie et plus intelligible : *La mort ne m'aura pas tout entier, mais
elle aura quelque chose de moi.*

ne peut, en effet, apprendre une langue qu'au moyen d'une autre; mais celle-ci est la langue instinctive de l'intelligence et de l'organisation, celle de l'analogie, du geste, et de la pantomime non artificielle.

ÉCRITURE, LECTURE.

Tous les mots de nos langues ne sont, pour le sourd-muet, que des caractères idéologiques; et, comme par ces mots nous nous communiquons tout ce que nous pensons et que nous sentons, et que le but de son éducation est de le mettre à même de communiquer pleinement avec nous, il s'ensuit que la grande affaire pour lui est d'apprendre à lire et à écrire, et à bien comprendre ce qu'il lit et ce qu'il écrit. En lisant il écoute, en écrivant il parle. Nous dirons bientôt quelle est la meilleure méthode de lui donner l'intelligence de nos langues, c'est-à-dire, de compléter son éducation rationnelle.

DACTYLOLOGIE.

Un des nombreux avantages de l'ouïe et de la voix est que ces sens obtiennent leurs effets à de grandes distances, et que leur exercice n'empêche en rien le reste de l'organisation, tandis que pour lire et pour écrire, il faut avoir la main et les yeux attachés au papier sans pouvoir s'occuper d'autre chose. La dactylologie a été inventée pour remédier

en partie à cet inconvénient de l'écriture et de la lecture : elle parle aussi et se fait entendre à distance.
Mais comme, en formant toutes les lettres de chaque
mot, son travail est long et pénible, et que les traits
qu'elle trace successivement en l'air, ne peuvent
être saisis qu'un à un, et s'effacent dans la mémoire
à mesure qu'ils y sont recueillis; ce langage des doigts
a été perfectionné par la *tachygraphie* et la *sténogra-*
phie. Celle-là substitue aux mots une note plus brève
et plus expéditive, et celle-ci en retranche toutes les
lettres qu'avec un peu d'usage l'esprit peut facilement
suppléer; l'une et l'autre ayant pour fin de rendre l'é-
criture et la lecture aussi rapides que la parole et l'audition, et les mots entiers saisissables par un seul effort de mémoire. Quant à la méthode de tracer en
l'air avec l'index les mots tels qu'ils sont écrits avec
la plume, elle ne peut guère servir qu'à expliquer
de temps à autre ce qui a été imparfaitement dit
par la tachygraphie et la sténographie.

PRONONCIATION ARTIFICIELLE,

LECTURE LABIALE.

La parole a tant d'avantages, elle est si essentiellement constituée l'organe de l'intelligence et de nos
communications, qu'à son défaut le simulacre n'en
est pas sans utilité, et qu'on peut tirer parti des
moyens de la produire sans l'entendre, qui restent au
sourd-muet.

On a observé que, dans les instituts dans lesquels la prononciation artificielle est adoptée comme moyen d'éducation, la santé des élèves en éprouve d'heureux effets; ce qui n'est pas difficile à expliquer, la salive étant moyen de digestion, et l'exercice de l'organe vocal en facilitant la sécrétion.

Le besoin sinon de parler, du moins de produire les mouvements d'où naît la parole, est si impérieux, les effets de ceux-ci sont tellement sollicités par la sympathie et l'organisation, que les gestes des muets, pressés par des affections un peu vives, sont toujours accompagnés de cris ou d'efforts pour crier; et que celui d'entre eux qu'on commence à exercer à la prononciation artificielle ne sera occupé qu'à mâcher la parole (expression d'un de leurs instituteurs), et qu'en rêvant il répétera le mot qu'il aura appris. Devenu un peu habile dans cet exercice, le sentiment d'avoir rapproché ses facultés de celles que possèdent les personnes jouissant de la parole, lui donne, ainsi qu'on l'a observé, plus de confiance en lui-même.

Là ne se bornent pas les avantages de la prononciation artificielle. Il est bien rare que le sourd le soit totalement. Quelquefois la seule portion extérieure de l'organe auditif est inhabile à percevoir les sons; alors la prononciation mécanique agissant dans la partie intérieure non affectée de l'organe, peut se transmettre quoique imparfaitement, ou au moins reproduire tous les mouvements qui mettent en éveil et excitent l'intelligence lorsqu'elle écoute, perfectionner l'attention, et empêcher que la surdité ne devienne totale, ce qui arrive dans les établissements qui négligent ce moyen d'éducation.

Tous les mouvements intérieurs de l'organe vocal lorsqu'il est en action viennent s'analyser et se peindre sur les lèvres ; l'œil exercé du sourd-muet en suit les mouvements, et y lit et comprend les mots qu'elles forment. Ainsi, au moyen de la prononciation artificielle, il sera entendu et compris sans s'entendre lui-même, se comprenant néanmoins et établissant une demi-communication avec celui qui l'écoute. Au moyen de la lecture labiale, il établira l'autre moitié de cette communication, et il comprendra celui qui parlera et qu'il n'entendra pas. Si la lecture et l'écriture labiales étaient entièrement perfectionnées, elles finiraient par rendre les sourds-muets à la société en leur permettant de converser entre eux et avec les personnes qui jouissent de la parole.

LOGIQUE INTUITIVE,

GRAMMAIRE INSTINCTIVE.

Ce que disent le geste, le dessin, les signes méthodiques, la dactylologie, la prononciation artificielle, l'écriture et la lecture labiales, cela est dit, et mieux encore, par les langues alphabétiques ; de sorte que le problème de l'éducation mentale des sourds-muets pourrait être ainsi posé :

Donner l'intelligence des mots et de leurs rapports de manière à pouvoir s'en servir pour communiquer toutes les pensées et tous les sentiments propres à l'humanité, soit aux autres sourds et muets, soit aux personnes qui jouissent de la parole.

Tous les mots sans exception ont rapport à des choses physiques ou intellectuelles que leur institution a pour fin de rappeler. Il faut donc, préalablement à la connaissance des mots, acquérir celle des objets qu'ils désignent, ce qui ne peut avoir lieu que par L'INTUITION ORGANIQUE OU MENTALE. Connaître les mots sans les choses est l'éducation des perroquets, éducation qu'on donne trop souvent aux hommes, et à laquelle échappent plus facilement les sourds-muets, par l'impossibilité où ils sont de se payer de paroles. Il est vrai que lorsqu'ils ne sont pas philosophiquement instruits, ils se paient d'images et transportent le monde intellectuel dans le monde matériel. « J'ai « cru, dit un sourd-muet, cité par M. le baron Degerando, que Dieu le père était un vénérable vieillard « résidant au ciel; que le Saint-Esprit était une co- « lombe environnée de lumière, et que le diable était « un monstre hideux demeurant au fond de la « terre. »

Autant qu'il sera en votre pouvoir, montrez à l'élève sourd-muet, et à plusieurs reprises, les objets dont vous voulez lui apprendre les noms; qu'il en étudie les qualités analogues aux sens qui lui restent. Quand ces objets ne seront pas à votre portée, faites-lui-en voir le dessin et la peinture, qu'il les figure par le geste, qu'il en représente les groupes par des signes réduits. Les choses alors et les mots qui ne sont pour lui que des signes idéologiques s'uniront dans son esprit, y deviendront inséparables et se rappelleront réciproquement.

Mais comment du matériel passer au spirituel ? Comment aura lieu l'intelligence des mots qui ne se rapportent à rien de visible ni de sensible ? En nous sont implicitement toutes les langues ; de nous sont sorties toutes celles qui existent ; leur logique ou grammaire générale n'est que l'analogie de nos sentiments et de nos rapports. Si vous pouvez parvenir à faire voir par la réflexion aux sourds-muets ce qui se passe en eux, ils y trouveront non-seulement la raison du langage, mais encore ses formes et ses catégories. Chaque objet, en vertu de la liaison qu'il a avec nous et avec les autres objets, lui en donnera les éléments divers.

CELA : CELA EST : CELA EST TEL : sont synonymes, le premier de ces termes contenant le second et le troisième, et le second contenant aussi le troisième. CELA, est inséparable de EST ; CELA EST, est inséparable de CELA EST TEL, puisque tout objet a ses qualités, et qu'il est actif ou passif. Là-dedans sont en germe toutes les idées de l'espèce humaine, lesquelles ne peuvent correspondre qu'à substance, qualité, action et rapport. On pourrait même dire qu'il n'y a que deux sortes d'idées et de mots : le verbe, qui renferme l'être et ses qualités, et la conjonction, à laquelle se rapportent toutes les prépositions, même les disjonctives et les adversatives ; car l'idée de conjonction supposant celle de disjonction, les propositions adversatives mènent, par leurs contraires, à celles qui sont analogues. En parlant encore plus à la rigueur, il n'y a qu'un mot, le verbe, en qui est tout à la fois substance, copule et qualité. Faites comprendre au sourd-muet, ce qu'un instituteur philosophe obtiendra avec du temps et des soins, que, dans tout objet, il y a substance, qualité, rapports, il vous sera facile, au moyen de l'intuition organique et intellectuelle, de lui donner la raison de tous les mots de la langue, et de le faire s'élever aux notions les plus abstraites.

DETTE DE LA SOCIÉTÉ

ENVERS LES SOURDS-MUETS ET LES AVEUGLES.

Les sourds-muets et les aveugles, étant membres de la famille du genre humain et d'une société particulière, ont *droit* aux objets que réclament leurs besoins d'hommes et de citoyens, et à leur quote part du produit des facultés humaines et sociales. Le premier de leurs besoins est de pouvoir communiquer avec leurs concitoyens, ce qui ne peut avoir lieu qu'au moyen d'une éducation convenable que le gouvernement fera donner à chacun d'eux.

Ils ont droit à un travail qui, en les rendant moins à charge à l'État, les mette à même de vivre dans une certaine aisance. Qui se plaindrait qu'il y eût pour eux des travaux privilégiés? L'imprimerie, le dessin, la gravure, semblent convenir le plus aux sourds-muets, et devoir continuer leur éducation.

Ces infortunés seront-ils condamnés à entendre, sans jamais pouvoir le satisfaire, le vœu le plus impérieux de la nature? Pourquoi, à l'imitation de ce que pratiquent quelques sectes religieuses, dont les individus ne s'allient qu'avec ceux de leur croyance, ne rassemblerait-on pas les sourds-muets des deux sexes dans certains villages où ils pourraient s'entrechoisir, s'aimer et unir leurs infortunes? Pourquoi l'aveugle ne serait-il point la parole du sourd-muet, et le sourd-muet l'œil de l'aveugle?...... Mais je m'arrête, je m'aperçois que l'intérêt qu'inspirent ces infortunés me fait sortir de mon sujet.

TABLE DES NOTES.

NOTE SEPTIÈME.

Le mode analytique ou synthétique, sous lequel on considère tous les objets, a forcé de créer les adjectifs métaphysiques.

NOTE HUITIÈME.

Le verbe substantif exprime autre chose qu'un fait, il exprime l'être.

NOTE NEUVIÈME.

La construction inversive suppose toujours la construction directe.

NOTE DIXIÈME.

Il y a dans la grammaire une métaphysique d'instinct.

NOTE ONZIÈME.

Les peuples placés à un degré très-inférieur de civilisation, ont néanmoins quelque sorte d'écriture.

NOTE DOUZIÈME.

De la pensée renfermée dans les images et les caractères; de la pensée renfermée dans la parole et dans les mots : difficulté dans le premier cas de signaler les objets physiques, de passer à l'ordre intellectuel, et de suivre l'analogie ; facilité dans le second.

NOTE TREIZIÈME.

Origine de l'alphabet littéral.

NOTE QUATORZIÈME.

Les inconvénients de l'écriture idéographique, et les avantages de l'écriture alphabétique, obligeront tôt ou tard les Chinois à adopter cette dernière.

NOTE QUINZIÈME.

Sympathie intime entre l'ouïe et l'organe vocal.

NOTE SEIZIÈME.

Alphabet commun à toute l'espèce humaine.

NOTE DIX-SEPTIÈME.

Tous les moyens que l'art appelle à son secours dans l'éducation des sourds-muets, ne suppléent qu'imparfaitement à la parole.

TABLE RAISONNÉE
DES MATIÈRES.

tuitive passe au-dehors dans le *geste* et dans la pantomime, 8.

En vertu de la sympathie qui existe entre nous et le monde extérieur, l'écriture mimique devient portrait des objets, *ibidem.*

L'écriture hiéroglyphique donne à ces objets, ainsi portraits, un sens mystérieux, 9.

L'écriture iconographique ne tarde pas à se généraliser, à présenter les objets par groupes, et à devenir pittoresque, *ibidem.*

L'insuffisance de ces sortes d'écriture donne ensuite naissance à l'écriture idéologique, laquelle renferme toute sortes d'idées individuelles ou collectives en des caractères conventionnels, 10.

La première écriture phonographique est celle du son circonscrit, se gravant dans l'oreille en des limites analogues à sa forme, 12.

Ce son fugitivement affectif excite l'organe vocal et passe sur les lèvres où il devient visible, *ibidem.*

Décomposer le mouvement, le geste de la bouche, en marquer les éléments les plus simples et les plus composés par autant de traits tracés sur un corps solide, est la vraie écriture, celle des peuples classiques, *ibidem.*

Cette écriture, en vertu de la mobilité et de l'adhérence de ses éléments, exécutant le mieux toutes les opérations analytiques et synthétiques de la pensée, est la plus parfaite, 14.

Toutes les écritures rendant la parole visible, quelques unes en outre la rendant fixe et permanente, et la parole étant l'étoffe des langues, il est évident qu'il n'y a point d'écriture qui n'influe sur celles-ci. La difficulté est de connaître quel est le mode d'influence, *ibidem*.

On ne pourra connaître quel est le mode favorable ou défavorable de l'influence de l'écriture sur le langage, si l'on ne sait auparavant ce que doit être le langage, quelle est sa fin et sa perfection, *ibidem*.

La fin et la destination des langues est d'exprimer tout ce qui est, tout ce qui se passe en nous et hors nous, 15.

Le langage est un instrument que nous créons au moyen de notre activité intelligente, et dont les matériaux sont quelques rayons sonores ou quelques menus linéaments, *ibidem*.

La langue, produit de notre activité intellectuelle et des onomatopées oculaires et auriculaires qui se rencontrent dans les objets, doit reproduire sa cause, c'est-à-dire les formes logiques et l'imitation des objets et des sons, 16.

Ainsi, la langue la plus parfaite est celle dont la grammaire générale et la grammaire particulière sont les plus parfaites, *ibidem*.

La grammaire ne peut s'en tenir à des mots qui, isolés et pris séparément, ne sauraient donner un sens. Tous les mots, signes des objets qui sont liés par des rapports, doivent aussi être liés entre eux, 17.

La grammaire générale donne la logique, c'est-à-dire, l'analogie de tous les rapports, *ibidem*.

La grammaire particulière s'occupe des divers membres du discours, soumis de même aux lois de l'analogie, *ibidem*.

Avant d'agir sur l'ensemble des objets, il a fallu les connaître individuellement; le *substantif* a d'abord été distingué, 18.

Le substantif n'apparaît qu'avec ses qualités, d'où l'*adjectif*, *ibidem*.

L'adjectif et le substantif inséparablement unis, ont le *verbe* pour copule, pour substratum, et comme pour substance, *ibidem*.

En établissant les *cas*, les *déclinaisons*, et les *conjugaisons*, on a donné aux substantifs, aux adjectifs, aux verbes, des modifications propres à représenter les rapports des objets, *ibidem*.

Tout acte se passant dans le présent, le passé ou l'avenir, les verbes ont eu des *temps*, *ibidem*.

Tous les actes n'étant point absolus, quelques uns étant dépendants et conditionnels, les verbes ont eu des *modes*, 19.

Les *pronoms* ont remplacé les noms propres de la personne ou de l'objet qui agit, sur qui on agit, *ibidem*.

L'action étant active, passive, indifférente, ou réciproque, il y a eu des verbes *actifs*, *passifs*, *neutres* et *réfléchis*, *ibidem*.

Les mots qui précèdent sont nommés *pleins*, parce qu'ils indiquent un objet, une action ou un état, *ibidem*.

Les prépositions de lieu, de temps, de quantité, de qualité, désignent des vues de notre esprit, qui ont rapport à des abstractions et non à des réalités, ce qui les a fait nommer des mots *vides*, 20.

La parole organisée exprime le monde extérieur, la même parole exprimera le monde intérieur en le calquant sur le premier, 21.

Le substantif, l'adjectif et le verbe se contiennent réciproquement, 22.

Notre esprit ne pense qu'en posant la proposition : or, dans toute *proposition* est le substantif, l'adjectif et le verbe. Le substantif, l'adjectif et le verbe existent donc intellectuellement en nous, indépendamment des objets extérieurs, *ibidem*.

La proposition n'est que la forme du *jugement*, *ibidem*.

Le jugement n'est que l'énonciation du résultat de la *comparaison, ibidem*.

Le résultat de la comparaison a donné les ressemblances et les différences d'où sont nés les mots *appellatifs* ou *communs*, *ibidem*.

Les mots appellatifs ayant une signification souvent trop étendue, on a inventé les *adjectifs métaphysiques* pour les *préciser*, les *déterminer*, 23.

Notre esprit joignant à l'ÈTRE les qualités, forme les *verbes adjectifs*, 24.

Le verbe substantif dit l'être, le verbe adjectif dit le mode d'être, *ibidem.*

Tout verbe adjectif est un jugement abrégé, *ibidem.*

Ce jugement présente, comme *objectif*, ce qui n'est que *subjectif*, *ibidem.*

Nous réalisons nos affections dans les mots, et nous créons, par leur moyen, un nombre d'êtres abstraits aussi considérable que ceux qui existent réellement dans l'univers, *ibidem.*

Tous les mots peuvent être divisés en quatre ordres qui correspondent à tout ce qui existe dans la nature : les langues qui n'ont pas opéré cette division dans leur grammaire, se sont condamnées à une infériorité nécessaire, 25.

Les mots trouvés, la syntaxe les soumet à un arrangement logique ou inversif, *ibidem.*

Pour avoir tout l'effet dont ils sont susceptibles, ils doivent être rangés suivant un ordre *périodique*, 26.

La période ne peut avoir sa perfection qu'au moyen de la *prosodie*, *ibidem.*

La grammaire générale est la même pour toutes les nations; chaque peuple a une grammaire particulière, 27.

Chaque portion du langage est une forme de notre esprit, 28.

UNE LANGUE EST PARFAITE EN RAISON DE LA PERFECTION DE SA GRAMMAIRE, *ibidem.*

Pour faire une classification rationnelle des langues, il faut les ranger suivant le nombre et la perfection de leurs organes, *ibidem.*

Une langue peut pêcher par trop d'abondance et de richesse, *ibidem.*

On ne peut concevoir qu'une peuplade placée au plus bas degré de la civilisation, ou plutôt hors de la civilisation, puisse, sans écriture, se former une langue renfermant des propositions complexes, 30.

Il est plus difficile de construire la proposition complexe que d'avoir l'idée de trois ou de cinq, idée que ne peuvent se former certaines peuplades, *ibidem.*

Difficulté immense d'abstraire d'un objet l'idée d'unité, 32.

Pour cette opération un signe, une écriture idéologique est absolument nécessaire, 33.

Tous les mots, presque sans exception, ou peut-être sans exception, étant *abstraits*, il a fallu pour les créer les mêmes moyens qu'a nécessités la formation de l'unité abst ·, *ibidem.*

On peut donc co .re qu'un peuple dénué de toute espèce d'écriture, bien qu'il parlât et émît quelques idées, ne pourrait avoir une langue proprement dite, *ibidem.*

Un peuple qui parle une langue faite depuis longtemps a nécessairement conservé l'écriture figurative ou symbolique, ouvrage de la nature, 36.

Mais ce même peuple peut perdre l'écriture idéologique et phonographique, produit du travail de l'homme, perte qui corrompt et appauvrit sa langue et la réduit à ne plus exprimer que les besoins les plus urgents, physiques et moraux, et les objets de ces besoins, 38.

L'écriture influant sur les langues, puisque en quelque sorte elle en fait partie, il reste à déterminer son mode d'influence, 40.

Ce qui caractérise l'écriture idéologique.

L'écriture idéologique, parlant aux yeux et non à l'oreille, tend à rendre le langage muet, 43.

Pour faire parler leur langue, les Chinois ont accolé aux caractères un certain nombre de mots qui se prononcent, de sorte que leur langue est double, *ibidem.*

Pour savoir cette langue, l'intelligence éprouve donc un double travail, 44.

Et comme la partie vocale ne répond pas exactement à la partie visuelle, l'esprit est presque toujours hors d'état de les rapprocher, *ibidem.*

Et comme le nombre des signes phonétiques est infiniment moindre que celui des caractères, il s'ensuit qu'un grand nombre de ceux-ci, ayant des significations diverses, se prononcent de la même manière, de sorte que ce n'est que par hasard qu'on peut en saisir le sens véritable, 45.

Les Chinois s'entendent cependant, mais difficilement, au moyen du sens général de la proposition et d'une foule de phrases toutes faites dont l'interprétation est établie d'avance, 47.

L'écriture idéologique n'influe pas moins sur la LANGUE GRAMMATICALE et sur l'ÉCRITURE NATURELLE que sur la LANGUE PARLÉE, 51.

L'écriture naturelle est celle qui fait l'onomatopée des objets ou des sons, 52.

La différence de l'effet de ces deux écritures résulte de la différence des effets de l'action de la vue et de celle de l'ouïe, 53.

Le toucher de la vue est presque insensible, celui de l'ouïe meut toute l'organisation, *ibidem.*

L'instrument visuel ne peut agir sans la lumière, 54.

L'instrument vocal se suffit à lui-même, *ibidem.*

Cinq portes ouvertes à l'audition, deux seulement à la vision, 55.

La vue est presque totalement passive; il y a une triple action dans l'organe vocal, *ibidem.*

L'ouïe étant plus affective que la vue, est par là plus mémorative.

L'écriture qui rappelle le son, sera donc plus propice à la mémoire dépositaire des langues, que l'écriture qui ne rappelle que des images, *ibidem.*

Le geste, en effet, type de l'écriture oculaire, n'a été donné à l'homme que pour exprimer un petit nombre de passions et les objets physiques, au lieu que la parole lui a été donnée pour exprimer tout ce qui existe, 56.

Au moyen de la ligne droite et courbe, les deux seuls éléments avec lesquels on a pu construire des caractères, à peine pourrez-vous en former une cinquantaine de reconnaissables au premier coup-d'œil; il n'en est pas ainsi pour les mots, *ibidem.*

Il est beaucoup plus facile de conserver l'analogie dans les mots prononcés que dans un système de *signes méthodiques*, 57.

Difficultés pour les signes méthodiques d'arriver au sens de la métaphore, tandis que la parole, corps et esprit, est pour ainsi dire métaphorique elle-même, se pose et s'explique d'elle seule, *ibidem.*

De la différence constitutive de l'ouïe et de la vue, et de leurs effets et de leurs moyens, naît l'incontestable supériorité de l'écriture auriculaire ou phonographique sur l'écriture oculaire ou idéologique, 58.

De l'infériorité de l'écriture oculaire naît celle des sourds-muets, et celle du génie de la langue chinoise, *ibidem.*

La vue est le sens de l'individualité; l'ouïe celui de l'espèce, 59.

A quelques rares exceptions près, les vérités scientifiques s'entendent et ne se voient pas, *ibidem.*

L'écriture oculaire semble n'être qu'une préparation à l'écriture auriculaire; les Chinois, il y a plus de quatre mille ans, ont commencé par celle qui figure les objets, *ibidem.*

L'emploi borné de cette écriture les força à en inventer une conventionnelle qui exprimait chaque idée par un seul trait, laquelle se composa successivement jusqu'à ce qu'elle eut pris les formes que nous lui connaissons, 61.

Les difficultés de cette dernière écriture auraient dû, ce semble, en faire opérer la réduction, et la ramener aux simples linéaments, et à l'usage de l'écriture alphabétique, *ibidem.*

Pourquoi vraisemblablement la chose n'a point eu lieu ainsi, *ibidem.*

Les développements naturels et progressifs des facultés humaines, sont quelquefois arrêtés par les hommes supérieurs, qui d'abord les ont provoqués, mais qui trouvent leur avantage à ne point les laisser aller au-delà de certaines limites, chose qui est arrivée dans l'Inde pour les castes, 62.

Citation à l'appui de ce qui précède, *ibidem.*

L'écriture idéologique n'influe pas d'une manière moins défavorable sur la LANGUE GRAMMATICALE que sur l'ÉCRITURE NATURELLE, 63.

L'écriture idéologique appauvrit la nomenclature, 64.

Elle ne distribue point les mots dans leurs classes naturelles, 65.

Elle s'oppose aux flexions, moyens si utiles de signaler les rapports, 66.

Elle ne peut diviser les mots en familles étymologiques, n'ayant point de racines naturelles, 67.

Son défaut de flexions nuit aux combinaisons de la syntaxe, 69.

N'ayant point de syllabes longues et brèves, elle ne peut avoir ni prosodie ni périodes, 70.

Elle frappe de monotonie la versification, et de stérilité la numération, *ibidem.*

La langue chinoise forcée de se renfermer presque

entièrement dans la proposition, sans recourir aux
exposants grammaticaux, tire un parti très-avanta-
geux de cette nécessité, suivant M. G. de Humboldt;
et suivant M. Abel-Rémusat, elle éveille l'*idée complète* des objets du langage. Examen de ces deux opinions, 73.

La langue chinoise se concentrant dans la simple
proposition, n'a fait que se maintenir dans les plus fai-
bles commencements du langage, 77.

L'art de faire ressortir les propositions les unes par
les autres est mosaïque, et non peinture, et s'oppose
à la perfection du style, 78.

Dans la série de ses phrases, il y a juxta-position,
et non mélange intime; il y a symétrie, et non période, 80.

Cette langue ne donne point une *idée complète* des
objets, puisqu'elle exclut les images naturelles et le
son, seuls moyens de les représenter à l'imagination et
à l'âme, 81.

Ce qui est dénié à l'écriture idéologique, l'écriture
phonographique le possède essentiellement, 85.

La première est en opposition avec le son, la
seconde s'y identifie, 86.

La première ne peint que médiatement les objets
et les affections; la seconde les peint immédiatement.
Sa manière d'agir pour obtenir ce résultat, *ibidem*.

Il existe une union apparente ou cachée entre tous
les sens, *ibidem*.

La lumière dit à l'organe vocal la qualité des objets, 87.

La voix apprenant de l'œil qu'un corps est lisse ou raboteux, âpre ou velouté, compacte ou poreux, pesant ou léger, stationnaire ou mobile, est forcée d'exprimer ce qu'elle éprouve, *ibidem.*

Elle connaît et exprime encore mieux les affections intérieures, 88.

Son moyen d'action est le son, que façonne le mieux l'alphabet littéral par sa faculté d'analyse et de composition, 89.

De cette faculté naît la facilité de créer des mots de toutes les espèces, 90.

De les faire engendrer par des racines étymologiques et significatives, *ibidem.*

De varier leurs désinences; d'où les déclinaisons et les conjugaisons, et de là une plus grande liberté dans la syntaxe, sans, néanmoins, nuire à la clarté, 91.

D'en réunir plusieurs en un seul par un hymen qui les fait valoir l'un par l'autre, 92.

Les lettres, par la constitution même de l'appareil vocal qui les produit, sont longues ou brèves, d'où la prosodie, la période, et toutes les richesses de la versification, *ibidem.*

Dans le son est l'harmonie imitative presque universelle : aussi aucune ressource de l'art ne peut suppléer à la parole, 94.

Conclusions, 95.

APPENDICE. [1]

DE L'ÉCRITURE SANSKRITE.

« L'écriture sanskrite est littérale, et procède de
« gauche à droite.

« Les sons-voyelles de la langue sont au nombre de
« neuf, dont cinq brefs ou longs (2), et quatre tou-
« jours longs, ce qui porte le nombre de ces signes à
« quatorze. Ajoutez un signe d'aspiration, et un signe
« nasal, vous aurez seize caractères vocaux.

« Les sons-consonnes, si je puis parler ainsi, sont
« au nombre de dix-huit, desquels dix sont soutenus
« ou aspirés (3); ajoutant la consonne nasale, qui af-
« fecte cinq formes et cinq prononciations, le nombre
« des consonnes est de trente-trois; ainsi la langue
« sanskrite a quarante-neuf lettres différentes.

« Ce grand alphabet est ordonné, divisé, subdivisé
« avec un soin tout particulier. D'abord il range à part

---

(1) Cet appendice n'était pas joint au mémoire donné au concours.
Il est de M. Desgranges, membre résidant de *la Société Royale des
Antiquaires de France*, et auteur d'une Grammaire Sanskrite, qu'il doit
donner incessamment au public.

(2) Les grammairiens hindous nomment *graves, pesants*, ceux que nous
disons longs.

(3) Les grammairiens hindous les nomment *grands soufles*.

« les voyelles et les consonnes. Celles-ci forment deux
« divisions: les lettres *classées*, et les lettres non *classées*.

« Il y a cinq classes dont chacune est de cinq
« lettres, deux consonnes, la tenue, l'aspirée et la
« nasale. Les non classées sont les quatre semi-voyelles
« *y*, *r*, *l*, *v*, les trois sifflantes et l'aspirée *h*.

« Sous un autre point de vue, les lettres sont dites
« *sourdes* et *sonnantes* (1). Les sourdes sont les deux
« premières lettres de chacune des cinq classes, les
« sonnantes sont les trente-neuf autres.

« Ces deux classements servent de base à l'euphonie
« et ont des règles fort étendues.

« Un grand nombre de voyelles et de consonnes de
« l'alphabet sanskrit correspondent à des sons inconnus
« à nos idiomes. Nos lettres ne les rendent qu'impar-
« faitement, et probablement nous les prononçons fort
« mal. J'admire les efforts que l'illustre professeur du
« collège de France, aux leçons de qui nous devons ce
« que nous savons tous, a fait pour écrire le sanskrit
« en lettres françaises : s'il n'a pas réussi, personne ne
« réussira. Mais plus je considère *l'alphabet harmoni-*
« *que*, qui accompagne l'épisode intitulé MORT DE
« YADJNADATTA, publié en 1826, plus je suis confirmé
« dans l'opinion qu'on a bien plus tôt classé très-exacte-

---

(1) La prononciation des sonnantes est accompagnée d'un frémisse-
ment de l'organe qui les produit, ce qui n'a pas lieu pour les sourdes.
Cette observation a été récemment vérifiée à Paris par des musiciens.

« ment dans sa tête tous les caractères *Devanagaris* et
« *Bengalis*, qu'on ne s'est retrouvé au milieu de la
« forêt de points, de virgules, d'apostrophes et d'ac-
« cents dont il faut affubler nos pauvres lettres, sans
« compter qu'on altère en outre le son français de plu-
« sieurs lettres, telles que *u*, *c*, *y*, etc. (1).

« Une troisième répartition de toutes les voyelles et
« de toutes les consonnes, faite d'après l'organe vocal,
« les distribue sous cinq dénominations, savoir : les
« *gutturales*, les *palatales*, les *cérébrales*, les *dentales*,
« les *labiales* (2).

« Maintenant, à chaque voyelle répondent deux
« caractères, l'un pour le cas où aucune lettre ne la
« précède, l'autre pour celui où elle est précédée
« d'une consonne : dans le second cas, pour certaines

(1) Si ces observations sont exactes, comme nous le pensons, le pro-
jet d'un *alphabet européen* applicable à toutes les langues, n'est qu'une
belle chimère, qu'un problème insoluble. L'organe vocal ne rend bien
que les sons auxquels l'oreille est habituée. Pour prononcer correctement
et intelligiblement le chinois, le sanskrit, l'arabe, le persan, ainsi que
toute autre langue, il faut les avoir long-temps entendu parler. (Note du
baron Massias.)

(2) Ajoutez à ces cinq ordres de lettres organiques, les *sifflantes*, les
sourdes, les *sonnantes*, les *pesantes*, vous aurez neuf espèces de caractères qui feront l'onomatopée de l'appareil vocal qui les produit, et de
la chose qu'elles expriment. Par leur moyen, tous ces objets pourront
être à quelque degré reconnaissables par leur harmonie imitative. Je ne
doute pas que dans les langues, même les plus sourdes et les plus mo-
notones, l'art de l'écrivain ne consiste, en grande partie, à accorder le son
et la contexture des mots avec la signification, le mouvement et la physionomie des choses et de la pensée. (Note du baron Massias.)

« voyelles, le caractère est avant la consonne; pour
« d'autres il est au-dessous; pour d'autres au-dessus.
« Un seul la place après ; quatre se mettent partie après,
« partie au-dessus. Quelques uns forment avec cer-
« taines consonnes des ligatures particulières.

« De deux voyelles qui se rencontrent, l'une finale,
« l'autre initiale, certaines se transforment tantôt en
« une voyelle et une semi-voyelle, tantôt en une semi-
« voyelle et une voyelle; de sorte qu'en général, à l'ex-
« ception d'*a*, les voyelles et les semi-voyelles se per-
« mutent continuellement. Ce jeu fait que deux mots,
« tout-à-fait différents, appartenant même à des
« phrases différentes, sont liés ensemble par l'écri-
« ture (1).

« La voyelle *a* bref, qui sonne à peu près comme l'*e*
« muet français, venant après une consonne, n'est
« jamais écrite : toutes les autres le sont; de sorte
« qu'une consonne sans voyelle prend le son *e* après
« elle.

« Cette omission d'une voyelle *a* nécessité deux
« règles d'écriture. Par la première, quand un mot
« est terminé par une consonne, on met un petit trait
« incliné au bas et à gauche de la consonne. Par la
« deuxième, quand deux ou plusieurs consonnes se
« suivent immédiatement, la seconde se lie, dans l'é-

_____

(1) Dans ce cas, les yeux trompent la pensée. (Note du baron
Massias.)

« criture *Devanagari*, pour certaines au-dessous de la
« première; pour d'autres à sa droite; et, dans le *Ben-*
« *gali*, toujours au-dessous, et ainsi pour les sui-
« vantes.

« Le caractère de l'*y*, après une consonne, n'est pas
« celui d'*y* dans d'autres circonstances.

« Le caractère de *v*, accompagnant une consonne,
« n'est pas celui de *v* simplement avec des voyelles.
« Devant une consonne, *v* se place au-dessus de cette
« consonne. Après une consonne, *v* se place au-dessous
« à la gauche; et, dans ces trois cas, le signe est diffé-
« rent.

« Le signe d'aspiration, de séparation, sorte d'es-
« prit rude, et celui de nasalement, se mettent, dans
« le *Devanagari*, au-dessus de la consonne précédente;
« dans le *Bengali*, à côté.

« Ce signe d'aspiration se change tantôt en *v*, tantôt
« en sifflante, et dans certains cas il se supprime. Le
« signe de nasalement doit souvent être remplacé par
« la nasale de la classe dont est la consonne qui le
« suit, et par contre il remplace la nasale dans cer-
« tains cas.

« Le son et le signe ne changent pour aucune des
« consonnes; mais une consonne tombant sur l'ini-
« tiale, voyelle ou consonne, d'un mot, les règles de
« l'euphonie exigent son changement bien plus sou-
« vent qu'elles ne souffrent sa permanence. Ainsi une
« sourde ou une sonnante, suivie par une sourde, les
« change en une autre sourde de sa propre classe; suivie

« par une sonnante, elle les change en une sonnante.
« Une aspirée de l'une quelconque des cinq classes, sui-
« vie d'une lettre de ces classes non compris les nasales,
« devient la tenue de sa classe. La première lettre de cha-
« cune des cinq classes, terminant un mot, est changée
« en la troisième de sa classe, lorsqu'elle tombe sur une
« sonnante; et si la sonnante est une nasale, cette pre-
« mière lettre peut devenir la nasale de sa propre
« classe. Les dentales peuvent être changées en pa-
« latales devant les palatales, en cérébrales devant les
« cérébrales, excepté devant la sifflante cérébrale. De
« plus, *t* devient *l*; *s*, à la fin d'un mot, devient signe
« d'aspiration. *V* peut, dans certains cas, le devenir;
« dans d'autres, il le doit. Les sifflantes se changent
« entre elles, ou en lettres aspirées d'une classe,
« selon la consonne qui les précède. Après la troi-
« sième d'une classe, *n* devient la quatrième de cette
« classe. Certaines lettres sont quelquefois doublées.
« Quelquefois des lettres euphoniques sont introduites
« dans un mot composé, et même entre deux mots.

« Voilà, en y ajoutant pourtant d'autres règles
« d'orthographe qu'il serait trop minutieux d'énumérer
« ici, voilà le système d'écriture de la langue sans-
« krite : système adopté par toutes les langues déri-
« vées qui se parlent dans la Haute-Asie.

« La forme des caractères contribue à la facilité de
« l'écriture. On ignore quelle était primitivement
« cette forme, quoiqu'on ait des inscriptions qu'on
« ne sait point lire. Les plus anciens caractères ac-

« tuels, ceux du *Devaganari*, sont grands et carrés.
« Une épaisse ligne droite, au-dessous de laquelle ils
« sont tracés, les aligne et les lie par le haut, de
« sorte qu'une ligne a l'air de n'être qu'un mot. Le
« *Bengali* est plus cursif, et en même temps plus
« compliqué pour l'assemblage des lettres.

« La matière sur laquelle on écrivait, nécessitait
« cette grandeur, le poli des feuilles de palmier étant
« loin d'égaler celui de notre papier.

« Ainsi l'écriture et la lecture de cette langue sont
« un art ingénieux et difficile (1). »

---

(1) Cette écriture, au moyen du grand nombre de ses lettres significatives et onomatopéiques, de ses transmutations et de ses liaisons, nous semble offrir des ressources prodigieuses à l'harmonie imitative, et au luxe d'une poésie pittoresque et gigantesque. Par ses exceptions capricieuses, elle nous semble aussi distraire l'intelligence du sens et de la pensée, qui sont pourtant sa principale affaire.
Le système de l'alphabet sanskrit donne à penser qu'il a été inventé par la même classe d'hommes qui défendent de lire les Védas, et qui, sans doute, n'ont pas voulu que la lecture devînt populaire. (Note du baron Massias.)

FIN.